Elogios para
Sigue la nube

"En una época en la que abundan los manuales sobre 'cómo hacer algo', el libro que tienes en tus manos es realmente inspirador. John Stickl, como pastor joven y exitoso de una iglesia multitudinaria, no pretende que aceptemos un modelo, sino que más bien nos invita a poner en práctica el principio eterno de escuchar la voz de Dios para dar con determinación el próximo paso en nuestra vida. He tenido el privilegio de verlo y a la familia de la Iglesia Valley Creek practicar lo que predican. Centrado en la certeza de la aceptación de Dios, la comunidad piadosa y el propósito de Dios para tu vida, ¡te sentirás profundamente inspirado! ¡Léelo y vívelo!".

—Alan Platt, líder global, Doxa Deo
y City Changers Movement

"Si eres un seguidor de Jesús, tu vida con Él es una aventura centrada en dar los próximos pasos. John da en el blanco en *Sigue la nube* al alentar a los hijos e hijas de Dios a continuar avanzando en su reino sintiéndose seguros en su identidad, relación y propósito en Jesús. Recomiendo especialmente este libro a cualquier persona que quiera tener la esperanza de poder escuchar la voz de Dios para tener la fe de dar el próximo paso en su vida".

—Chad Hennings, tres veces campeón del Super Bowl,
autor de *Forces of Character* y *Rules of Engagement*

"El pastor John es uno de los líderes jóvenes más brillantes de la iglesia estadounidense, ¡y estoy agradecido de que haya escrito este libro! Su voz es muy necesaria en este momento, y creo que tu fe se fortalecerá y crecerá a medida que leas cada página".

—Brady Boyd, pastor principal, New Life Church,
Colorado Springs, y autor de *Addicted to Busy*

"Me encanta lo que siente y piensa John Stickl sobre el liderazgo. Su enfoque es fresco, sutil y desafiante. Independientemente del tamaño de iglesia que dirijas, John es un líder pionero para el ministerio de la próxima generación".

—Carey Nieuwhof, autor y pastor fundador,
Connexus Church

"Dios desea tener una relación íntima con nosotros, y su voz es la que nos acerca a su corazón. En *Sigue la nube*, mi amigo John Stickl explica cómo escuchar la voz suave y apacible de Dios y obedecer su llamado nos llevará a una relación más profunda y apasionada con Él".

—Robert Morris, pastor principal y fundador,
Gateway Church, Dallas/Fort Worth, y
autor de libros de mayor venta, *Una vida de bendición, El Dios que nunca conocí, Verdaderamente libres* y *Frecuencia*

"Una lista de las mejores lecciones de vida llenó mi mente mientras leía *Sigue la nube*. Si queremos experimentar todo lo que Dios nos puede ofrecer, debemos estar quietos y confiar en que 'El Buen Pastor te conduce por un valle que no quieres atravesar para llevarte a los verdes pastos que necesitas'. Este libro es una lectura obligada para todos los valientes hombres y mujeres de Dios. Doy gracias a Dios por el poder, el valor, la fe, la fuerza, el amor y la guía de John Stickl. Sus palabras, literalmente, transmiten vida a otros".

—Donald Driver, campeón del Super Bowl
y autor de mayor venta según el *New York Times*

"John Stickl nos recuerda que gran parte de ser líder y de seguir a Jesús radica en dar el próximo paso en nuestra vida, con un pie delante del otro, seguir avanzando y aventurarse a descubrir lo nuevo y lo desconocido. Y la verdadera influencia consiste tanto en seguir como en liderar. ¡*Sigue la nube* te alentará e inspirará en el camino!".

—Brad Lomenick, fundador de BLINC,
autor de *H3 Leadership* y *El líder catalizador*,
BradLomenick.com, @bradlomenick

"John Stickl ha escrito *Sigue la nube* de manera clara y transparente, y con un tono compasivo que invita a la reflexión. *Sigue la nube* es un valioso libro para todos los que se preocupan más por lo que hacen que por quiénes son. Eso significa que casi todo el mundo necesita leerlo".

—Rick Bezet, pastor principal,
New Life Church of Arkansas,
y autor de *Real Love in an Angry World*

SIGUE
LA
NUBE

ESCUCHA LA VOZ DE DIOS
UN PASO A LA VEZ

JOHN STICKL

La misión de *Editorial Portavoz* consiste en proporcionar productos de calidad —con integridad y excelencia—, desde una perspectiva bíblica y confiable, que animen a las personas a conocer y servir a Jesucristo.

Traducción: Rosa Pugliese

Las cursivas añadidas en los versículos bíblicos son énfasis del autor.

EDITORIAL PORTAVOZ
2450 Oak Industrial Drive NE
Grand Rapids, Michigan 49505 USA
Visítenos en: www.portavoz.com

ISBN 978-0-8254-5006-8 (rústica)
ISBN 978-0-8254-6963-3 (Kindle)
ISBN 978-0-8254-7023-3 (epub)

1 2 3 4 5 edición / año 32 31 30 29 28 27 26 25 24 23

Impreso en los Estados Unidos de América
Printed in the United States of America

A Colleen, no hay nadie más con quien quisiera seguir adelante en esta aventura. ¡A cuántos lugares iremos… juntos!

A Trey y Emma Joy, que siempre tengan el valor de seguir la nube porque Dios es bueno, Jesús los ha perdonado, son amados y todo es posible.

CONTENIDO

Introducción 13

Sección 1: Despertar a la vida

Capítulo 1: Aparece una nube 25
Capítulo 2: Ven y verás 39
Capítulo 3: Impulso 51

Sección 2: Recibir su gracia

Capítulo 4: Bondad abrumadora 71
Capítulo 5: Convertirnos en lo que ya somos. 88
Capítulo 6: Hijos e hijas amados. 105

Sección 3: Experimentar su presencia

Capítulo 7: Susurro ensordecedor 127
Capítulo 8: Amistad. 144
Capítulo 9: Vivir con seguridad 161

Sección 4: Manifestar su reino

Capítulo 10: Cómo matar a un gigante 179
Capítulo 11: Pioneros 197
Capítulo 12: Seguir hasta el final 213

Reconocimientos 223

INTRODUCCIÓN

Se trata de *ti*.

Reconozco que no son las palabras típicas que esperarías de un pastor. Quiero decir, ¿cuándo fue la última vez que escuchaste una serie de prédicas llamada "Todo se trata de ti"? Es probable que nunca, y tampoco la escucharás. Esas cinco palabras nos hacen sentir incómodos. Sinceramente, me hacen sentir incómodo. Nos han dicho toda la vida que no se trata de nosotros. Hemos escuchado innumerables mensajes que nos dicen que siempre pongamos a los demás primero. Se nos ha enseñado que Dios *necesita* que hagamos grandes cosas para Él. Y aunque hemos estado llenos de buenas intenciones, tal vez sin querer nos hayamos puesto expectativas poco saludables el uno al otro. Ya sabes, del tipo: *Esfuérzate más. Hazlo mejor. Cambia tu comportamiento. Reprime tus sentimientos. Mantén la compostura. De cualquier forma, no tiene que ver contigo, así que cálmate*. Y, por experiencia propia, puedo decirte que es una manera de vivir que nos deja exhaustos.

Ahora bien, ¿y si realmente se trata de *nosotros*? ¿Qué pasa si se trata más de nosotros de lo que hemos imaginado? ¿Qué pasa si en nuestra vida lo importante es lo que Dios quiere hacer *en nosotros*, en lugar de *a través de nosotros*? ¿Y si el viaje que Dios nos invita a hacer en realidad tiene que ver más con descubrir quiénes somos, quién es Él y para qué fuimos creados?

Tal vez Dios esté más interesado en hacernos libres, que en hacernos religiosos.

Para ser sincero, tengo miedo de escribir este libro. Sé que no es una forma muy inspiradora de empezar, pero es verdad. Tengo una vida plena. Dirijo una iglesia grande y de rápido crecimiento. Mis hijos son pequeños y están llenos de energía, lo que significa que estoy constantemente cansado. Dispongo de muy poco tiempo libre. Y no estoy seguro de cómo plasmar en papel lo que hay en mi corazón, pero esta es la cuestión: creo que este es el paso que debo dar. Creo que Dios me está invitando a hacer esto. El acto mismo de escribirlo es exactamente de lo que trata la esencia de este libro. *Seguir la nube: animarnos a dar el próximo paso en nuestras vidas cuando vemos que Dios se mueve.* Estoy siguiendo la nube porque, en muchos sentidos, escribir este libro tiene que ver conmigo. Se trata de seguir a Dios a un lugar donde nunca he estado para descubrir cosas que nunca he visto. Y esa es la invitación que creo que Dios te está haciendo: seguir la nube. Ir a lugares, hacer cosas, descubrir verdades y encontrar una libertad que nunca antes has experimentado.

Seamos realistas: no es que Dios realmente nos necesite para cumplir sus propósitos. No sé tú, pero yo rápidamente me di cuenta de que, de todos modos, no tengo mucho que ofrecer. Dios no necesitaba a Noé para construir el arca. No necesitaba a David para matar a Goliat. No necesitaba a los discípulos para establecer su reino. Y no nos necesita para cambiar el mundo. De hecho, si no te sientes muy calificado, estás en buena compañía. Sin embargo, por alguna razón, Él siempre nos elige. Este Dios, a veces misterioso, ha elegido a personas quebradas, heridas y confundidas para que lo sigan a lugares donde nunca han estado. ¿Por qué? Porque su mayor deseo es hacernos libres. "Estad, pues, firmes en la libertad con que Cristo nos hizo libres" (Gálatas 5:1). Él anhela romper con los límites, las etiquetas y las inseguridades que llenan nuestra mente y nuestro corazón. Cada paso que nos pide dar es una invitación a vivir en la libertad de su amor, un descubrimiento que sin Él nunca haremos. Dios es un Padre amoroso, que quiere que sus hijos vivan más allá del quebranto de este mundo, el quebranto del que muchos de nosotros nunca parecemos liberarnos.

Dios sabe que tendemos a olvidarnos de algo: lo mejor que podemos hacer por los demás es convertirnos en la mejor versión de nosotros mismos. No puedo amar a mi prójimo si no me amo a mí mismo. Y la realidad es que muy pocos de nosotros tenemos un amor *saludable* por nosotros mismos. "Nosotros le amamos a él, porque él nos amó primero" (1 Juan 4:19). Juan, el apóstol del amor, nos recuerda que no podemos dar lo que aún tenemos que recibir. Y las personas esclavizadas no pueden llevar a otros a la libertad. Por tanto, si quieres vivir una vida que no solo tiene que ver contigo, debes aceptar que seguir a Dios *sí* tiene que ver contigo.

Lo mejor que podemos hacer por los demás es convertirnos en la mejor versión de nosotros mismos.

Sin embargo, no de la manera que crees.

Se trata de que despiertes a la vida. Se trata de que descubras quién dice Dios que eres. Se trata de ti y de encontrar la libertad de tu pasado. Se trata de que descanses en su amor. Se trata de que recibas la plenitud de la obra consumada de Jesús. Se trata de que te sometas a su señorío. Dios es más glorificado cuando tu corazón está vivo y libre, y solo puedes convertirte en esa persona si sigues la nube.

Sin embargo, ¿qué es la nube? Bueno, es una imagen física de una verdad espiritual escondida en la antigua historia del Éxodo. "Y Jehová iba delante de ellos de día en una columna de nube para guiarlos por el camino, y de noche en una columna de fuego para alumbrarles, a fin de que anduviesen de día y de noche" (Éxodo 13:21). ¿Te imaginas cómo habrá sido? Toda la nación de Israel seguía una columna de nube durante el día y una columna de fuego durante la noche. La presencia de Dios los estaba sacando de la esclavitud para llevarlos a la tierra prometida. De todas las formas en que Dios podría haber guiado a su pueblo, eligió hacerlo por medio de una nube personal y siempre presente. Porque así es Dios: íntimamente personal y siempre presente. Esa nube representaba su presencia tangible. Definía la identidad de ellos, los rodeaba con su amor y los conducía a una tierra de libertad. Desde el interior de esa poderosa nube, Dios hablaba con la dulzura de un susurro: *Síganme, un paso a la vez. Cuando yo me muevo, ustedes se mueven. Cuando yo me detengo, ustedes se detienen. Donde yo voy, ustedes van. Mantengan sus ojos en mí. Sigan el paso de la nube y yo los guiaré para que puedan descubrir quiénes son, quién soy yo y para qué fueron creados.*

Siguiendo la nube es cómo he aprendido a vivir mi vida y cómo nuestro equipo de liderazgo dirige nuestra iglesia: escuchando la voz de Dios y siguiendo su presencia por fe dondequiera que vaya. Y, aunque no siempre entiendo lo que hace, he aprendido que, cada vez que tengo el valor de seguirlo, aprendo más sobre quién soy, quién es Él y para qué fui creado. Cada vez que lo sigo, Él despierta más de mi corazón. Con cada paso que doy, veo un poco más de Jesús y me vuelvo un poco más libre de mí mismo. Y ese es el mismo viaje que creo que Él *te* está invitando a hacer.

Un viaje del corazón

Cuando leemos que los israelitas siguieron la nube desde Egipto hasta la tierra prometida, solemos centrarnos en los aspectos físicos de su viaje: como vagar por el desierto, recoger el maná que vino del cielo y pelear contra las naciones de los gigantes. Sin embargo, a menudo no nos damos cuenta de que, en realidad, el éxodo fue un viaje del corazón. Mientras Dios sacaba a los israelitas de Egipto y los guiaba en el desierto hacia nuevas tierras, en realidad estaba sacando sus corazones de la esclavitud de sus miedos hacia una nueva vida de plenitud. El objetivo no era solo llevarlos a una nueva tierra, sino ayudarlos a que aprendieran a vivir libres como hijos amados de Dios. Cada paso físico que debían dar era una invitación hacia la libertad emocional, relacional y espiritual. El viaje físico del éxodo fue el proceso, pero la libertad del corazón fue el resultado. Lo mismo sucede con nosotros hoy. Si bien Dios nos está guiando a través de lo que a menudo parece nuestro propio éxodo, el objetivo no es encontrar la vida perfecta, sino sanar y liberar nuestro corazón. En realidad, lo importante de este viaje paso a paso no es adónde vamos, qué hacemos o qué logramos, sino en quién nos convertimos.

En la iglesia donde sirvo como pastor, Valley Creek Church, tenemos una ilustración sencilla que capta esta verdad, a la que llamamos los tres círculos, o *la vida en el corazón del Padre*. Creemos que cuando recibimos su gracia, nos sentimos atraídos a experimentar su presencia y luego recibimos el poder para manifestar su reino; que a medida que descubrimos nuestra nueva identidad en Jesús, nos llevará a una relación con Él y nos capacitará para vivir nuestra vida con propósito. En el centro de la intersección de estos tres círculos está el corazón del Padre por nosotros. Jesús dijo: "Yo soy el camino, y la verdad, y la vida; nadie viene al Padre, sino por mí" (Juan 14:6). Jesús es el camino, pero el Padre es el destino. Jesús vino no solo para mostrarnos el amor del Padre, sino también para conducirnos a ese amor. El corazón del Padre es la tierra prometida, y es a donde la nube siempre nos atrae un paso a la vez. Este es el patrón que se encuentra a lo largo de las Escrituras.

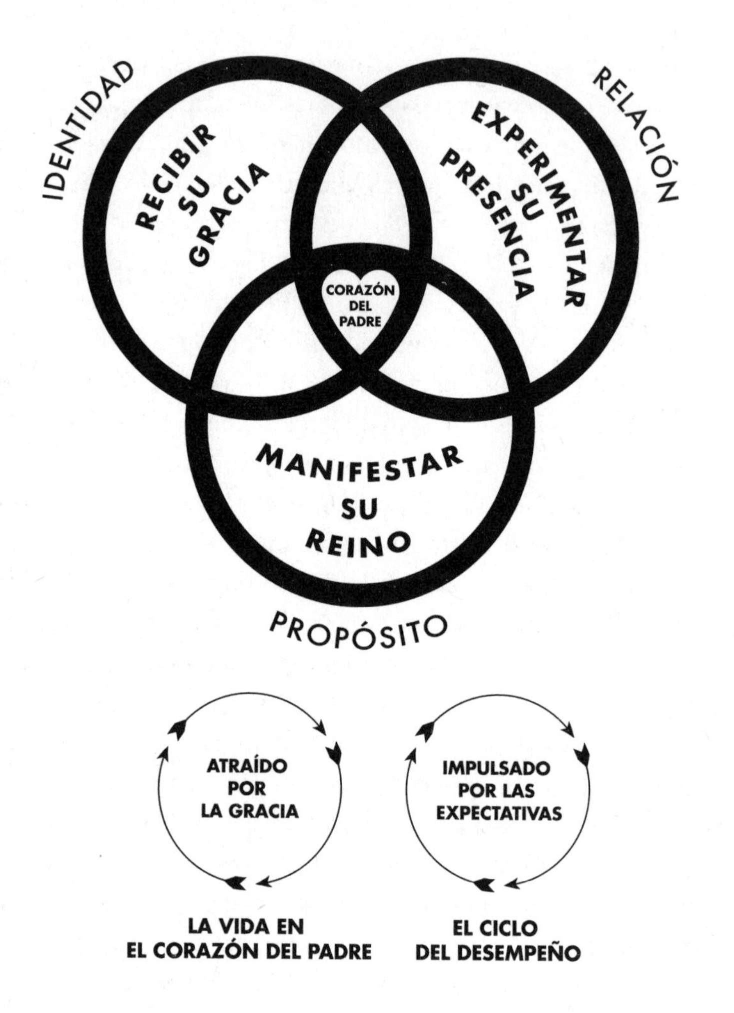

Espero que, al igual que los israelitas, comiences a avanzar paso a paso hacia la libertad de vivir en el corazón del Padre. Y nuestro movimiento siempre comienza con la recepción de su gracia.

Cuando recibimos su gracia, experimentamos su presencia y damos a conocer su reino. Cuando recibimos nuestra nueva identidad, nos apresuramos a tener una relación con Él y vivimos nuestro propósito. Cuando creemos que somos hijos e hijas amados, deseamos estar con nuestro Padre y dedicamos nuestra vida a la edificación de su reino. Cuando sabemos que hemos sido perdonados, nos acercamos a Él con gozo y vivimos con denuedo. Sin embargo, también sucede lo contrario. Si resistimos su gracia, por miedo evitaremos su presencia y nos esforzaremos por recibir su aprobación. Si creemos que somos huérfanos espirituales, tendremos miedo del Padre y pasaremos nuestra vida edificando nuestro propio reino e intentando encontrar sentido a nuestra vida. Si no sabemos quiénes somos, no sabremos cómo relacionarnos con Él ni para qué fuimos creados.

Suena bastante simple, ¿verdad?

Somos atraídos por la gracia, no impulsados por las expectativas. Pero, lamentablemente, este mundo está lleno de expectativas. Así que, en lugar de *la vida en el corazón del Padre*, a menudo somos impulsados por *el ciclo del desempeño* (los tres círculos a la inversa). Comenzamos por el círculo 3, y nos pasamos la vida tratando de cumplir expectativas para ganarnos la aprobación de Dios y encontrar sentido a nuestra vida. Nos esforzamos por comportarnos bien para obtener la aceptación de Dios y así ganarnos su perdón. En *el ciclo del desempeño*, vamos contra la corriente de la gracia: *hacemos* para *llegar a ser*. Y, como ya dije, es una manera de vivir que nos deja exhaustos.

Creemos que cuando recibimos su gracia, nos sentimos atraídos a experimentar su presencia y luego recibimos el poder para manifestar su reino.

El orden lo es todo.

La identidad conduce a la relación, y la relación libera el propósito. Allí es donde la nube condujo a los israelitas y hacia donde nos conduce a nosotros. Este *es* el evangelio. El evangelio no es solo para la salvación, sino para toda la vida. Y siempre nos está atrayendo a vivir libres como hijos e hijas amados. Si en algún momento de este libro te estancas, vuelve a estos tres círculos y recuerda que la gracia de Jesús te conduce a la libertad del corazón del Padre: la verdadera tierra prometida.

Un movimiento reparador

A lo largo de la Biblia, las nubes son imágenes de promesa, presencia, protección y potencial profético. Esa es una excelente descripción de una vida guiada por el Espíritu. La primera vez que se menciona la palabra *nube* es cuando Dios le da a Noé una señal y le dice: "Mi arco he puesto en las nubes" (Génesis 9:13) como promesa de su bondad. "Jehová descendió en la nube" para estar con su pueblo (Números 11:25). "Extendió una nube por cubierta" (Salmos 105:39) para proteger a su pueblo en el mundo. Y, finalmente, Jesús dijo que las naciones de la tierra "verán al Hijo del Hombre viniendo sobre las nubes del cielo, con poder y gran gloria" (Mateo 24:30). La nube siempre revela el corazón del Padre a sus amados hijos e hijas. Seguimos la nube hacia Él, y Él cabalga sobre la nube hacia nosotros.

Seguir la nube es una vida de movimiento reparador. Descansamos *en* Jesús y, sin embargo, nunca dejamos de movernos *con* Él. Al igual que los cristianos del primer siglo, somos los "seguidores del Camino" (Hechos 9:2, NTV). No tenemos nada que lograr, demostrar o ganarnos. Tenemos todo para recibir, descubrir y explorar. Nos movemos reposadamente a la par de Él. Este es el *camino* de Jesús.

De modo que aquí está mi pregunta y reto para ti: ¿Qué pasaría si tuvieras el valor de seguir la nube: de escuchar la voz de Dios y responder a su presencia, de moverte cuando Él se mueve y detenerte cuando Él se detiene? Tal vez no lo entiendas por completo y no siempre tenga sentido, pero puedes confiar en que Él siempre te está guiando hacia tu tierra prometida. De hecho, tu próximo paso es a menudo en la dirección de tu mayor temor. ¡Él te lleva hacia tus temores para que puedas ser valiente en su amor!

La nube se está moviendo actualmente en tu vida para llevarte hacia su libertad un paso a la vez. Tal vez te esté invitando a que lo sigas hacia un nuevo trabajo, una nueva carrera, una nueva relación o una nueva escuela. Tal vez te esté invitando a dejar algo viejo o aceptar algo nuevo. Tal vez te esté invitando a perdonar, a dar con generosidad, a contar tu historia o a abandonar tu adicción. Tal vez te esté invitando a salir de la rutina que te tiene atrapado durante años. No sé cuál es tu próximo paso, pero sé que Él quiere que llegues a tu tierra prometida aún más que tú.

Y tu tierra prometida no es un destino; es una revelación de quién eres, quién es Él y para qué fuiste creado. Es vida en el corazón del Padre. Y, aunque ni siquiera te des cuenta, Él está allí. Te llama. Te atrae. Te invita a seguirlo. Te invita al hogar.

Un paso a la vez.

Sección 1

DESPERTAR A LA VIDA

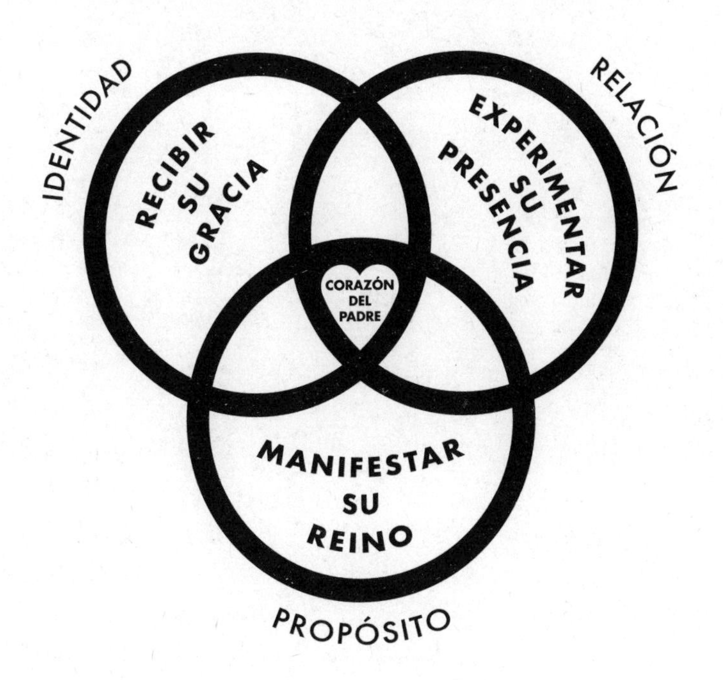

EL PADRE QUIERE QUE SEAS LIBRE

APARECE UNA NUBE

> Y Jehová iba delante de ellos de día en una columna de nube para guiarlos por el camino, y de noche en una columna de fuego para alumbrarles, a fin de que anduviesen de día y de noche.
>
> —Éxodo 13:21

"¡Queremos ofrecerte el puesto!".

Esas eran las palabras que anhelaba escuchar. Finalmente, apareció un poco de esperanza en medio de mi dolor, o eso pensé. Acababa de salir de una temporada sumamente difícil. Durante más de seis meses, sentí que mi mundo se desmoronaba. Me había graduado recientemente de la universidad. Estaba lleno de sueños. Sabía a dónde quería ir, qué quería hacer y cómo quería que fuera mi vida. Tenía grandes planes. E, ingenuamente, pensé que el mundo aceptaría esos planes. Es decir, hasta que las olas del quebranto barrieron mi vida.

En seis cortos meses, mi vida dio un vuelco total. Mi corazón se quebró por una ruptura inesperada. Vi a una mujer chocar con su auto y la sostuve en mis brazos mientras exhalaba su último aliento. Estuve en un terrible accidente, que destrozó dos motos de agua nuevas y dejó a mi mejor amigo en el hospital. Mientras trabajaba en un sitio de construcción, me dispararon con una pistola de clavos. Tal vez debería admitir que fui yo quien apretó accidentalmente el gatillo. ¡Qué vergüenza! Terminé en la sala de emergencias tantas veces, que ya me conocían por mi nombre. Estaba atrapado en una encrucijada de caos y no podía descifrar cuál era el camino. Lleno de ira, frustración y dolor, me preguntaba dónde estaba Dios.

Así que, cuando llegó la llamada del departamento de policía para ofrecerme un empleo, me llené de esperanza porque finalmente vi una salida. Siempre había soñado con ser policía. Y no solo policía, sino un miembro del equipo SWAT o un agente del FBI. Quería un trabajo lleno de acción y adrenalina. Había estudiado y me había entrenado y preparado, y finalmente todo *mi* arduo trabajo iba a dar sus frutos. Mi sueño comenzaría y podría seguir adelante con mi vida, pero en cuanto colgué el teléfono, tuve una experiencia que nunca antes había tenido. Escuché una pequeña voz dentro de mí susurrar: *Esto no es lo que tengo para ti.* "Espera, ¿qué fue eso? Anoche debí comer mucha pizza. Eso fue raro".

Sin embargo, volví a escuchar: *Esto no es lo que tengo para ti.* No tenía ni idea de lo que estaba pasando.

Y luego, por tercera vez: *Esto no es lo que tengo para ti. La puerta está abierta y puedes aceptarla si quieres, pero tengo mucho más para ti.* Pensé: "¡Tienes que estar bromeando! Por primera vez en mi vida escucho la voz de Dios y me está quitando mi sueño. ¿No sabe cuánto dolor acabo de experimentar? ¿No comprende lo desesperado que estoy por un nuevo comienzo? ¿No sabe que he estado trabajando para esto?". Sin embargo, sus palabras seguían resonando en mi corazón: *Esto no es lo que tengo para ti.*

¿Alguna vez has pasado por un momento así? ¿Un momento en el que sentiste que Dios estaba interrumpiendo por completo tu vida y, de repente, tu anhelo de escucharlo hablar pasó a ser un deseo de que se callara?

Así que pregunté en voz alta: "Entonces, ¿qué tienes para mí?". ¿Y sabes lo que escuché? Nada. Absolutamente nada. Solo el sonido de los grillos.

Siempre es interesante ver cuán silencioso puede ser Dios cuando le preguntamos sobre los detalles de nuestro futuro. Rara vez nos muestra el panorama completo. La mayoría de las veces, solo nos muestra el próximo paso. Un paso que muchas veces no tiene sentido. Un paso que sentimos como si estuviera en la dirección equivocada. Para decirlo de otra manera, Dios habla en frases, no en párrafos, porque solo puedes obedecer una frase a la vez. Y, aunque puede ser frustrante que no nos dé todos los detalles, en realidad es su amor en acción. Dios sabe que, si nos diera todos los detalles, estaríamos tan abrumados que no lo seguiríamos. Si supiéramos todo lo que tiene reservado para nosotros, la historia completa, nos daríamos la vuelta y correríamos en la dirección opuesta. "Cosas que ojo no vio, ni oído oyó, ni han subido en corazón de hombre, son las que Dios ha preparado para los que le aman" (1 Corintios 2:9). Las invitaciones de Dios siempre son más grandes que nuestra imaginación. Y esta invitación estaba mucho más allá de mi imaginación.

Estoy convencido de que, si ese día Él me hubiera dado todos los detalles de mi futuro, le habría dicho que no. En realidad, habría dicho: "¡De ninguna manera!", pero no lo hizo. Solo me invitó a confiar en Él lo suficiente como para dar un pequeño paso. Y así, después de días de lucha y contra toda razón, volví a llamar al departamento de policía y rechacé la oferta. Colgué el teléfono y dije en voz alta: "Está bien, Dios, ¿ahora qué?". Y así comencé mi viaje de seguir la nube.

El comienzo de la libertad

No sé si alguna vez te has dado cuenta de esto, pero el Antiguo Testamento a menudo puede parecer totalmente irrelevante para nuestras vidas. Quiero decir, ¿qué tiene que ver con nosotros hoy matar gigantes, sacrificar animales o seguir una nube? Hay algunos pasajes inesperados en las páginas de nuestras Biblias, pero, aunque esos pasajes antiguos puedan parecer sin importancia, nos revelan más de lo que a menudo nos damos cuenta. El Antiguo Testamento está lleno de imágenes físicas que revelan verdades espirituales, historias que nos dan una visión espiritual profunda de la realidad de nuestras vidas. Un gran ejemplo de esto es la historia de los israelitas.

La historia física de los israelitas es, en muchos sentidos, nuestra historia espiritual. Aunque esa no es la comparación más halagadora, probablemente sea precisa. Un pueblo esclavizado por el mundo, personas atrapadas en una forma de vida de la que no tienen esperanza de escapar, confundidas acerca de quiénes son y desilusionadas del Dios misterioso de sus antepasados. La mayoría de nosotros sabemos cómo es sentirse ignorado e insignificante. Estar desesperanzado y asustado. Preguntarse dónde está Dios. Pensar que se ha olvidado de nosotros.

Sin embargo, Dios nunca olvida. Siempre recuerda y siempre se mueve. Después de cuatrocientos años de esclavitud de los israelitas en Egipto, Dios dijo: "Bien he visto la aflicción de mi pueblo... y he oído su clamor... he conocido sus angustias" (Éxodo 3:7).

Y así pues, se movió, porque el corazón de Dios se siente atraído por el clamor del hombre.

Dios se acordó de su pueblo e hizo lo inesperado. Levantó a un libertador llamado Moisés y los liberó. Por medio de algunos de los milagros más grandes de toda la historia, Dios se enfrentó a Faraón. El hombre más poderoso sobre la faz de la tierra y su imperio fueron derrotados en cuestión de pocos días por medio de diez plagas. Este es un gran recordatorio de que "si Dios es por nosotros, ¿quién contra nosotros?" (Romanos 8:31). Incluso el enemigo más poderoso no es rival para Dios. Y así, más de un millón de esclavos fueron liberados en el desierto.

Ahora bien, solo detente y piensa en esto por un momento. ¿Qué haces después de cuatrocientos años de esclavitud? ¿A dónde vas? ¿Cómo vives sin que alguien te diga qué hacer a cada minuto del día? Lo que muchos de nosotros vemos como el momento culminante en la vida de los israelitas, en realidad, fue un suceso aterrador. Con frecuencia nos olvidamos de que así se siente la salvación para muchas personas hoy día. Tienen miedo de la propia libertad que Jesús ofrece.

Tan pronto como los israelitas fueron libres, se enfrentaron a una elección. Es la misma elección que enfrenté el día que escuché a Dios hablar.

La primera opción para ellos era volver a la esclavitud, volver a una vida que conocían, una vida que, en muchos sentidos, era *cómoda*. Escúchame aquí, ¿de acuerdo? Ser un esclavo era predecible. Tenían casas, comida y trabajo. Tenían una vida *segura* dentro del ritmo de su rutina. En Egipto, sabían cómo vivir. La esclavitud no solo se había convertido en una forma de vida cómoda, sino también en su identidad. Lamentablemente, eso a menudo describe la vida típica estadounidense. Hemos llegado a estar tan delimitados por la esclavitud de nuestros trabajos sin futuro, las facturas que no podemos pagar, las rutinas miserables, la vergüenza de nuestro pasado y las relaciones que se desmoronan, que, en realidad, encontramos consuelo en nuestro quebranto. Nos sentimos seguros cuando sabemos qué esperar, incluso si lo que esperamos es toda la fuerza del látigo de un capataz. A veces preferimos la seguridad de la esclavitud a lo desconocido de la libertad.

La segunda opción era seguir a Dios, un Dios del que aún no estaban seguros, un Dios que los invitaba a dar un paso de fe hacia lo desconocido. Todo lo que sabían era que este Dios les había prometido llevarlos a una tierra que manaba leche y miel: la tierra prometida. No fue una elección tan fácil como podríamos pensar. ¿Podían realmente seguir a un Dios que no conocían? ¿Podían confiar en que Él los llevaría a un lugar donde nunca antes habían estado? ¿Estaban dispuestos a ceder el control que les quedaba? Es una decisión difícil para muchos de nosotros hoy.

A veces preferimos la seguridad de la esclavitud a lo desconocido de la libertad.

A regañadientes, eligieron seguir porque la atracción gravitatoria de la gracia de Dios era más fuerte que la resistencia de sus miedos.

Mediante una nube y fuego

Ahora bien, ¿cómo llevas a más de un millón de personas a una nueva forma de vida? ¿Cómo movilizas a una multitud para que comience a avanzar hacia su destino? Les das una nube y los guías un paso a la vez. "Y Jehová iba delante de ellos de día en una columna de nube para guiarlos por el camino, y de noche en una columna de fuego para alumbrarles, a fin de que anduviesen de día y de noche. Nunca se apartó de delante del pueblo la columna de nube de día, ni de noche la columna de fuego" (Éxodo 13:21-22).

Desde el momento en que los israelitas salieron de Egipto, Dios los invitó a seguir la nube. Dios sabía que necesitarían de su gracia sobrenatural para seguir adelante, así que les proporcionó una nube para que la siguieran. La nube era la presencia tangible de Dios. De día era una columna de nube, de noche una columna de fuego. Dios proporcionó exactamente lo que necesitaban: una promesa, su presencia y un paso para dar. Les dio una nube viva para que, en cada momento del viaje, pudieran levantar los ojos y ver su presencia. Dios no estaba solo *en* la nube; Él *era* la nube.

De día, la nube los cubría, protegía y rodeaba en medio de un duro desierto. De noche les traía calor, luz y consuelo en medio de la oscuridad. Cuando la nube se movía, ellos se movían. Cuando la nube se detenía, ellos se detenían. Por dónde iba la nube y cómo se movía no siempre tenía sentido. A veces parecía moverse demasiado rápido. Otras veces, no lo suficientemente rápido. A veces tomaba el camino más largo y luego tomaba un atajo repentino que parecía peligroso. Sin embargo, a pesar de que no lo entendían, esa nube era su vida. Era la manifestación del amor de Dios, que los llevaría a descubrir quiénes eran ellos, quién era Él y para qué habían sido creados. Era un viaje que iba a tratarse de ellos. Uno que expondría, revelaría, sanaría y restauraría.

Recuerda que Dios no solo los estaba sacando *de* Egipto; sino que los estaba conduciendo *a* la tierra prometida. No solo los estaba sacando *de* su esclavitud, sino que los estaba conduciendo *hacia* su libertad. Y los guiaba con su presencia. Los guiaba con su amor. Seguir la nube era un riesgo, pero no seguirla era un riesgo aún mayor.

Dar los próximos pasos con valentía cuando Dios se mueve —seguir la nube— es una imagen física de una verdad espiritual. Es una revelación de lo que significa este viaje con Jesús. Cuando tenemos el valor de seguir su presencia y responder a su voz, Él nos saca *de nuestra* esclavitud y nos lleva paso a paso *hacia su* libertad. Y recuerda que Dios nunca te saca *de* algo sin guiarte *hacia* algo mejor.

Los israelitas siguieron una nube real, los discípulos siguieron a Jesús en la tierra, y hoy seguimos al Espíritu Santo. La nube del Antiguo Testamento es una imagen de la vida guiada por el Espíritu. "Ya que vivimos por el Espíritu, sigamos la guía del Espíritu en cada aspecto de nuestra vida" (Gálatas 5:25, NTV). Hoy la nube no está sobre nosotros, está dentro de nosotros. El Espíritu del Dios viviente nos está guiando hacia la promesa de vida abundante de Jesús (ver Juan 10:10). No siempre estamos seguros de adónde va. No siempre lo entendemos, pero podemos estar seguros de que nos está guiando hacia la vida. Y, como los israelitas, todo lo que realmente necesitamos es una promesa, su presencia y el próximo paso.

Dios nunca te saca *de* algo sin guiarte *hacia* algo mejor.

Invitación inesperada

Después de rechazar la oferta laboral, fue, digamos, una semana *muy* larga. Debí preguntarle a Dios cien veces cuál era el siguiente paso. Oré. Leí la Biblia. Escribí un diario personal. Escuché. Les pregunté a los demás si me estaba volviendo loco. Algunos me dijeron que sí. Estaba buscando cualquier palabra, pero como en toda relación, no puedes hacer que Dios hable. Lo único que sabía era que Él tenía otra cosa para mí; pero ¿qué era?

Finalmente, después de días de espera, volví a escuchar su voz: *Quiero que seas pastor*. "¡Dios mío, tienes que estar bromeando! Esa es la peor idea que he escuchado. Tienes al tipo equivocado. No sé cómo ser pastor. Escuché tu voz por primera vez la semana pasada. No me gusta la iglesia. Ni siquiera voy a la iglesia. No quiero ser pastor. Los cristianos son aburridos y siempre parecen infelices.

Voy a volver a llamar al departamento de policía y aceptaré esa oferta laboral".

Quiero que seas pastor. ¡Puaj! Era mi próximo paso y lo sabía. Era una invitación inesperada, una invitación que nunca quise. Me pregunto si así se sintió Pedro cuando la nube apareció por primera vez en su vida.

Pedro tuvo que haberse sorprendido por la invitación de Jesús de ser un discípulo. Era un pescador desconocido con el simple objetivo de levantar una empresa de pesca, hacer una familia y vivir una vida tranquila. No es que Pedro tuviera un gran currículum. A menudo lo recordamos por sus fracasos. Pedro no estaba en la junta de reclutamiento de nadie. Solo estaba viviendo su vida y haciendo lo suyo, pero todo eso cambió cuando la nube comenzó a moverse.

A veces me pregunto cómo habría sido ese primer día para Pedro. Su vida estuvo llena de noches de pesca fallida. Día tras día. Semana tras semana. Mes tras mes. Año tras año. Tratando de llenar su barca de peces. Tratando de ganarse la vida y forjar una vida para su familia. Sin embargo, no importaba lo mucho que lo intentara, nunca parecía hacer progresos. Los Evangelios presentan la imagen de un hombre que no sabía cómo pescar, lo cual es realmente una mala noticia si eres un pescador. Su gran sueño de ser un pescador exitoso estaba lejos de convertirse en realidad. Y, aun así, estaba lejos de ser inspirador.

Creo que podemos identificarnos con la historia de Pedro. Nos pasamos la vida trabajando duro, pero parece que nunca conseguimos nada. Nos esforzamos. Nos empeñamos. Tenemos éxito. Intentamos hacer las cosas a nuestra manera. Tratamos de encontrar sentido a nuestra vida. Perseguimos un sueño que ni a nosotros mismos nos inspira. Claro, es posible que hayamos adquirido algunas posesiones, obtenido algunos logros y ganado algunos premios, pero sabemos que todavía no hemos conseguido nada. No hemos encontrado lo que buscamos porque, sinceramente, ni siquiera estamos seguros de lo que buscamos. Sin embargo, todo eso estaba a punto de cambiar para Pedro. Y puede cambiar para ti.

Una mañana, tras otra noche de fracaso, apareció la nube en su vida. Jesús vino caminando por la orilla y dijo: "Venid en pos de mí, y os haré pescadores de hombres" (Mateo 4:19). *Sígueme y haré algo. Pedro, suelta tu barca y yo haré algo con tu vida.* La nube estaba en movimiento y prometía calmar las tormentas que azotaban el corazón de Pedro si él tenía fe para seguir.

El versículo es conocido, pero en muchos sentidos hemos pasado por alto su profundidad. A menudo creemos que Jesús estaba invitando a Pedro a seguirlo y que nos está invitando a seguirlo porque *necesita que hagamos cosas para Él.* Creemos que tenemos que seguirlo para poder comportarnos mejor, volvernos más religiosos, ganarnos su aprobación o tal vez solo para que no se enoje con nosotros. Este es el pensamiento que tenemos: "Dios *necesita* que cambiemos para que podamos cambiar el mundo". Sin embargo, la verdad es que Jesús nos invita a seguirlo para nuestro bien, no para el suyo. Nos invita a seguirlo para que podamos verlo con más claridad. El objetivo central de cada paso que Dios nos pide dar es revelarnos más de Jesús. Él *hace algo* con nuestra vida al revelarse a nosotros.

El objetivo central de cada paso que Dios nos pide dar es revelarnos más de Jesús.

Seguir la nube nos permite ver quién es Él realmente. En Egipto, los israelitas sabían acerca de Dios, pero solo al seguir la nube pudieron *ver* a Dios. En la orilla, Pedro había oído hablar de Jesús, pero solo al alejarse de su barca pudo *ver* a Jesús. Tenemos una idea de quién es Jesús, pero solo al seguirlo podemos realmente *verlo*. Cada paso que damos nos permite ver una parte de Él que nunca antes habíamos visto. Y, cuanto más claramente veas a Jesús, más claramente verás todo lo demás.

Lo que ese día sentí como una interrupción, en realidad, fue una invitación. Las interrupciones de la vida son más como invitaciones divinas. A Jesús le encanta interrumpir nuestra rutina y llamar nuestra atención para poder hacernos una invitación personal a vivir. Debemos recordar que Jesús no es un reclutador, sino un invitador. Él no va por ahí reclutándonos desesperadamente para que seamos parte de su ejército, equipo de ventas, equipo de limpieza o personal de la guardería de la iglesia. No. En cambio, camina por la orilla de nuestras vidas, que a menudo están carentes de inspiración y sueños, y nos invita a la libertad. Nos invita a dejar atrás nuestra forma de vida para ir a ver más de Él. Lo seguimos. Él hace algo. Y su capacidad de hacer es siempre mayor que nuestra voluntad de seguir.

Debemos recordar que Jesús no es un reclutador, sino un invitador.

Jesús no llamó a Pedro porque necesitaba que Pedro hiciera grandes cosas para Él. Jesús llamó a Pedro porque quería hacer grandes cosas *para Pedro*. Él siempre está invitando a los que menos lo merecen y menos lo esperan a que le sigan. A dejar todo atrás y seguir la nube. *Cuando yo me muevo, tú te mueves. Cuando yo me detengo, tú te detienes. Donde yo voy, tú vas. Sígueme y haré algo contigo. Juntos llegaremos allí un paso a la vez.* Y así, con una mano extendida, Jesús libró a Pedro del temor y con amor le hizo una invitación inesperada.

Jesús no le estaba pidiendo a Pedro que dejara su barca para quitarle algo. Le estaba pidiendo que dejara su barca para poder darle todo. Sin embargo, para estar posicionado para recibir, primero hay que estar dispuesto a dejar ir. Dios puede dar solo a aquellos cuyas manos están abiertas y listas para recibir.

Ciertamente, no entendí a qué me estaba invitando Dios cuando experimenté por primera vez el movimiento de la nube. Sentía como si me estuviera pidiendo que hiciera algunas cosas ridículas, que parecían una locura para todos los que me rodeaban; pero por su gracia, encontré el valor para seguirlo y decirle que sí. Un pequeño paso tras otro finalmente me llevó a rechazar el empleo de policía, ir a la universidad, servir como pasante pastoral, conocer a mi esposa, mudarme a Texas, unirme al equipo ministerial de una iglesia, tener hijos, convertirme en pastor principal y escribir este libro. Con cada paso que he dado, mi corazón ha visto un poco más de Dios. Lo he visto hacer milagros que nunca hubiera soñado ver. He visto facetas de su reino que nunca supe que existían. Un paso cambió la dirección de toda mi vida. Proverbios 16:9 señala: "El corazón del hombre piensa su camino; mas Jehová endereza sus pasos". He aprendido que los pasos de Dios siempre son mejores que mis planes.

Estoy convencido de que, si esa noche Dios me hubiera mostrado todo lo que tenía reservado para mí, habría aceptado el empleo de policía. No hay forma de que este muchacho de Buffalo, Nueva York, pudiera haber aceptado la idea de mudarse a Texas ¡y mucho menos de ser pastor! Sin embargo, Dios no me mostró su plan completo, solo me mostró mi próximo paso.

Jesús es la puerta estrecha que conduce a una vida amplia. Seguirlo no constriñe nuestras vidas, en realidad las expande. Ahora creo que Jesús no me estaba pidiendo que abandonara mi sueño para poder quitarme algo. Me estaba pidiendo que lo abandonara para poder darme todo. Me estaba invitando a recibir. Me estaba invitando a ser libre.

Lo mismo ocurre contigo. Él ha visto tu miseria, ha oído tu clamor y está preocupado por tu sufrimiento. Y por eso ha venido. Jesús se acerca a ti con una invitación para que des el próximo paso de lo viejo a lo nuevo. Dios no quiere que hagas grandes cosas para Él; Él quiere hacer grandes cosas para ti. No está tratando de quitarte nada; está tratando de darte todo. Está invitando a tus pies y a tu corazón a dejar atrás la orilla.

—*¡Ven, sígueme y haré algo con tu vida!*

—¿A dónde vamos?

—*Ya verás.*

—¿Cuánto tiempo tomará llegar allí?

—*Un tiempo.*

—¿Será fácil?

—*No, pero estaré contigo.*

—¿Cómo será cuando lleguemos allí?

— *¡Mejor de lo que puedas imaginar!*

Sigue la nube: Vive libre

Considera ver las interrupciones de la vida como invitaciones divinas. ¿Qué está interrumpiendo tu vida actualmente? ¿Y qué crees que Dios podría estar invitándote a hacer?

Si tuvieras que decir qué paso te pide Dios que des ahora mismo hacia la libertad, ¿qué dirías? Puede ser un paso enorme y arriesgado, o algo increíblemente simple.

2

VEN Y VERÁS

Lo llaman el lugar más feliz del mundo, y no podíamos esperar para ir. Durante seis meses, mi esposa, Colleen, y yo habíamos planeado sorprender a nuestros hijos con un viaje a Disneylandia. Emma tenía cuatro años y Trey seis, las edades perfectas para el Reino Mágico de Disney. Todavía eran suficientemente pequeños para querer autógrafos con los personajes. Por fin eran suficientemente altos para montarse a la mayoría de las atracciones. Y tenían el corazón infantil para creer que cada princesa era real. No obstante, ¿cómo explicas la grandeza de Disney a niños pequeños que nunca la han experimentado? No estoy seguro de que se pueda, así que decidimos sorprenderlos. Solo les dijimos que, en unas pocas semanas, íbamos a ir a "un lugar especial".

El día que debíamos ir al aeropuerto, nos sorprendimos de que ninguno de nuestros hijos quisiera ir. De hecho, se negaban a ir. Se estaban divirtiendo tanto en la piscina, que no querían subirse a un avión para ir a "un lugar especial". "Papá, solo queremos nadar". Independientemente de cuánto lo intentáramos, no podíamos convencerlos de que el lugar al que íbamos era mejor que la piscina. En una rabieta respondieron: "No queremos irrrrrrrr". Recuerdo haber pensado: *¿Saben cuánto me ha costado esto? ¡Salgan de la piscina!* Finalmente, para no perder nuestro vuelo, les dije: "Salgan, porque nos vamos a Disneylandia". En diez segundos, ambos estaban fuera de la piscina y esperando en el auto.

Ese no fue uno de los mejores momentos de nuestra familia, pero me dio una gran imagen de una profunda verdad: dondequiera que Dios te lleve, siempre será mejor que donde has estado. El futuro con Dios siempre es mejor que el pasado sin Él. Si Dios es amor, todo lo que te pide que hagas es con amor. Cada paso que te invita a dar es un paso diseñado para tu bien y su gloria. Recuerda que, en el reino, siempre vamos de gloria en gloria y de victoria en victoria. Si parece que te está quitando algo es porque quiere darte algo mejor. La tierra prometida era mejor que Egipto. El palacio era mejor que el pastizal. El aposento alto era mejor que la costa de Galilea. Sin embargo, siempre se necesita fe para seguir cuando no estamos realmente seguros de hacia dónde vamos.

> Dondequiera que Dios te lleve, siempre será mejor que donde has estado.

Seguir la nube no significa que tus circunstancias siempre serán mejores, a veces parecen empeorar. No significa que todo será más fácil, a menudo parece más difícil. No significa que no habrá dificultades, las habrá. Pero dondequiera que te lleve, siempre será mejor que donde has estado, porque Él está allí. Seguir la nube no se trata de que las circunstancias sean perfectas; se trata de vivir en la presencia de su amor perfecto; un amor que nos libera del yo, del miedo y de las preocupaciones del mañana. Cuando la nube se mueva en tu vida, no hagas una rabieta y pierdas el vuelo. Disneylandia siempre es mejor que la piscina. Siempre. ¡Pero tienes que salir de la piscina!

La visión no es fácil

¿Alguna vez has notado lo difícil que puede ser describir cosas profundas con palabras sencillas? Por ejemplo, ¿cómo le dices a alguien cómo son las Cataratas del Niágara? ¿Cómo puedes describir una imagen del Gran Cañón en una conversación? ¿Cómo explicas lo que es sostener a un bebé recién nacido de apenas unos minutos de vida? Hay algunas cosas en la vida que están más allá de nuestro vocabulario, y lo único que podemos hacer es invitar a otros a *venir y ver*.

Seguir la nube es similar. Era imposible para Dios describir a los israelitas cómo sería el viaje, porque no tenían la capacidad de comprender las cosas extraordinarias que tenía reservadas para ellos. Así que simplemente los invitó a ir y ver.

Si somos sinceros, esta es la parte de seguir a Jesús a la que generalmente nos resistimos más y la razón por la que muchas veces no salimos de la piscina. No sé tú, pero yo no quiero ir y ver. Quiero ver y luego decidir si quiero ir. Muéstrame cómo va a ser, dime cómo me voy a sentir, dame todos los detalles de cómo funcionará y luego decidiré si me interesa o no. De hecho, me encantaría ver el final antes de empezar. Prefiero que me arruines la sorpresa, muchas gracias.

Sin embargo, Dios tiene una manera mejor. Él nos invita a seguirlo por fe, seguros de lo que esperamos y de lo que no vemos (Hebreos 11:1). La fe es la certeza de que veremos cosas buenas con cada paso que demos. Es la creencia de que cada paso nos lleva a "un lugar especial". Y, cuando nuestro corazón tenga la fe para ir, podremos ver. Un corazón lleno de fe da visión a nuestros ojos. Es la voluntad de ir lo que crea la capacidad de ver.

Piensa en los discípulos. Jesús invitó a doce hombres a dejar la familiaridad de sus vidas para ir a ver la realidad superior del reino de Dios. No les dio ningún detalle. Solo les dijo: "Venid y ved" (Juan 1:39). Y así, por fe, "fueron, y vieron" (v. 39). Con cada paso que daban, veían a cojos caminar, leprosos curados, ciegos ver, demonios expulsados, provisiones milagrosas y muertos resucitar. Fue su voluntad de ir lo que les dio la capacidad de ver. Tuvieron que arriesgarse a dejar sus barcas antes de ver el cielo venir a la tierra.

Lo mismo ocurre con nosotros. Si queremos ver a Jesús como un sanador, tenemos que seguirlo en la vida de los enfermos. Si queremos verlo como un pacificador, tenemos que seguirlo en medio de la tormenta. Si queremos verlo como un obrador de milagros, tenemos que seguirlo en situaciones sin remedio ni esperanza. Es en los momentos que tratamos de evitar donde Jesús se ve más claramente. Jesús nos lleva a lugares a los que nunca elegiríamos ir para poder mostrarnos cosas que nunca podríamos ver.

Ahora bien, ¿y si los discípulos hubieran dicho que no? ¿Y si se hubieran negado a aventurarse a lo desconocido porque no tenían todos los detalles? Piensa en todo lo que se habrían perdido. Pedro no habría caminado sobre el agua. Los discípulos no habrían visto a Lázaro resucitar. No habrían experimentado el derramamiento del Espíritu Santo. Hubieran seguido sentados en una barca de pesca, sosteniendo una red vacía. Allí es donde muchos de nosotros todavía estamos: sentados en nuestra barca, sosteniendo redes vacías porque tenemos miedo de seguirlo. Estamos esperando que Jesús nos muestre todos los detalles antes de estar dispuestos a movernos. Y, como Él no suele darnos los detalles, no vamos, así que no podemos ver. Muchos de nosotros no hemos podido ver la vida abundante porque no hemos querido ir. Así que, tal vez la falta de milagros en nuestra vida tenga menos que ver con el deseo de Dios de moverse y más con nuestra renuencia a seguirlo.

Perder la oportunidad

La primera vez que escuché el término *FOMO*, pensé que alguien me estaba insultando. ¿Qué? Parece que no estoy muy "en la onda".

FOMO, el miedo a perderse algo [por sus siglas en inglés], es una fuerza impulsora de nuestra cultura actual. Existe el temor de perderse fiestas, sucesos, juegos, actividades, fotos, etc. Muchas personas hacen todo lo posible para evitar perderse las cosas del mundo.

Y, aunque la mayoría de nosotros tenemos al menos un poco de FOMO terrenal, ¿qué pasaría si viviéramos con FOMO celestial? ¿Qué pasaría si empezáramos a tomar nuestras decisiones con el filtro de no querer perdernos las cosas grandes y ocultas que aún no conocemos (ver Jeremías 33:3)? ¿Qué pasaría si cada vez que viéramos a Dios moverse, respondiéramos en consonancia porque no queremos perdernos lo que está haciendo? ¿Qué pasaría si estuviéramos más preocupados por perdernos los momentos del reino con Jesús que por perdernos las selfis grupales, las opciones de inversión o una oportunidad de empleo? Esta es la clave de un seguidor de la nube.

Hace unos años, Dios me invitó a dar el próximo paso en mi vida. Me pidió que fuera primero y me reconciliara con alguien con quien no tenía ningún interés en reconciliarme. Sé que suena horrible admitirlo. Cada semana trato de inspirar a otros a reconciliarse con Jesús y con quienes los rodean; pero en este caso, no me atreví a ser el primero. Entonces comencé a negociar con Dios. Tal vez sepas cómo es esto: *Dios, en este momento no puedo. Estoy ocupado. Lo haré la próxima semana.* En su misericordia, Dios espera una semana y luego te lo vuelve a pedir. *Dios, sé que debería hacerlo, pero tengo que priorizar el tiempo de mi familia en este momento. Sé que quieres que me concentre en mi familia. Me ocuparé de eso más adelante.* Pasan algunas semanas y te lo vuelve a pedir amablemente. *Lo haré, lo prometo. Mañana. Lo llamaré mañana.*

El día de mañana pasa, y te lo vuelve a pedir, pero ahora empiezas a molestarte por su paciente persistencia. *Dios, de todos modos, él era el que estaba equivocado. Él debería disculparse conmigo. En cuanto me llame, lo perdonaré.* Unas semanas después, vuelves a escuchar el eco sagrado. Es como si, sin importar a dónde vayas o lo que hagas, no puedes escaparte de ese paso que debes dar. Es asombroso lo persistente que puede ser Dios. Así es seguir la nube. Una vez que eres consciente de ella, no puedes hacer como que no está allí.

Durante unos meses, seguí negociando con Dios. Mi corazón se negó a seguirlo, y continué justificándome por no dar ese paso. Entonces, un día me desperté y descubrí que había recibido un mensaje de texto de esa persona que me felicitaba por el nuevo campus de nuestra iglesia, junto con una disculpa por su responsabilidad en los problemas del pasado. Mientras leía y releía su texto, humillado por su mensaje, me di cuenta de que había perdido la oportunidad de ser el primero en reconciliar una relación que se había roto por cosas insignificantes. Él fue el primero e hizo lo que Dios me había pedido que hiciera.

Mientras se me llenaban los ojos de lágrimas, volví a sentir la dulce voz del Señor. *Johnny, la razón por la que quería que tú fueras primero y te reconciliaras con él era porque iba a mostrarte más de mí en ese momento. Quería que dieras ese paso para que pudieras ver más de mí. Quiero que me sigas para que puedas ser libre.*

Ese fue un momento decisivo en mi caminar con Dios. Ese día, me di cuenta de que Dios no estaba tratando de hacerme la vida más difícil, sino que estaba tratando de revelarme algo. Sin embargo, no estuve dispuesto a ir, así que no pude ver. Me lo perdí. Sabía que Dios no estaba enojado conmigo, pero me sentía desconsolado porque me había perdido la oportunidad de experimentar más de Él. No quiero volver a sentir eso nunca más. No quiero ser un *negociador con Dios*, sino un *seguidor de la nube*.

Momentos eureka

Apuesto a que, al igual que mi historia, ha habido innumerables ocasiones en las que Dios te ha pedido que hagas algo que no comprendías. Nuestras vidas están llenas de momentos en los que nada de lo que nos pide que hagamos parece ser una buena idea. Cuando llega su invitación, va contra toda la lógica que tengamos. Mudarse a una nueva ciudad. Renunciar a un trabajo sin tener otro. Dar generosamente a otra persona cuando sentimos que no tenemos suficiente para nosotros mismos. Encontrarás situaciones como estas a lo largo de la Biblia. Dios tiene la costumbre de invitarnos a caminar sobre el agua.

Por ejemplo, había un hombre llamado Naamán. Le dijeron que fuera a lavarse al río siete veces para curarse de la lepra. *No, gracias. ¿Desde cuándo el agua cura la lepra?* ¿O recuerdas cuando Jesús dijo a los discípulos que alimentaran a cinco mil personas con dos pescados y cinco panes? *¿Hablas en serio, Jesús? Eso ni siquiera es suficiente para alimentar a doce niños, ni siquiera a doce hombres*. ¿O qué tal cuando se les dijo a los israelitas que marcharan alrededor de la ciudad de Jericó durante siete días, y en el último día tocaran una trompeta y los muros se derrumbarían? Si yo hubiera sido un oficial de ese ejército, habría dicho: *¡Josué, estás loco! No cuentes con nosotros*. La Biblia está llena de momentos cuando las personas no entendían, pero obedecieron. Cuando leemos los relatos de esas historias, descubrimos que la comprensión siempre llega por medio de la obediencia. Mientras obedecían, apareció el momento eureka.

Así es seguir la nube. No entendemos primero y luego obedecemos; obedecemos primero y luego entendemos. Quiero que vuelvas a leer esto: obedecemos primero y luego entendemos. La obediencia siempre precede a la comprensión. De hecho, la obediencia es la llave que abre el misterio de lo que no entendemos. Hebreos 11:3 dice: "Por la fe entendemos". Tenemos que desistir de nuestra necesidad de entender de manera lógica lo que solo se puede descubrir mediante la fe. Es un espíritu de fe que trae comprensión a nuestra mente. Los momentos eureka llegan solo a aquellos que siguen por fe.

Cuando la nube se mueve, a menudo no tiene sentido para nosotros ni para quienes nos rodean. ¿Qué crees que pensó la suegra de Pedro sobre la posibilidad de que él dejara su empresa de pesca para seguir a un rabino desconocido? ¿Qué pensaron los hijos de Noé sobre la posibilidad de que su padre construyera un arca en el desierto? ¿Qué pensó Sara cuando Abraham le dijo: "Vamos a algún lado, pero no tengo idea de adónde"? Ninguno de ellos sabía qué esperar. Solo vieron que la nube se movía, y la siguieron. El momento eureka no se encontraba en la invitación, sino en la obediencia.

No entendemos primero y luego obedecemos; obedecemos primero y luego entendemos.

A lo largo de los años, he visto a innumerables personas obedecer cuando no entendían. Y, aunque sus circunstancias han sido diferentes, todos tenían una cosa en común: estaban concentrados en Jesús. Sus ojos estaban fijos en el Autor y Consumador de su fe mientras lo seguían hasta caminar sobre el agua. Sus caminos se enderezaban (ver Proverbios 3:5-6). Tenían paz a pesar de que no entendían (ver Filipenses 4:7). Encontraron el gozo escurridizo, que muchos de nosotros todavía estamos buscando (ver Romanos 14:17). Y, por alguna razón, cuando caminaban sobre el agua, no les importaba por qué les pedía que lo hicieran, porque estaban demasiado ocupados en disfrutarlo. ¡Estaban demasiado ocupados en *caminar sobre el agua*!

Cuando Dios nos invita a seguirlo, no responde a todas nuestras preguntas. En realidad, a menudo suscita más preguntas de las que ya teníamos. Nunca entenderemos por completo lo que Dios nos está invitando hacer, porque es demasiado grande para que Él lo describa. Él solo dice: "Ven y verás". Esta es la gran aventura de una vida llena de fe.

Conecta los puntos

Recuerdo salir a comer con mi familia cuando era niño y me encantaba que el restaurante tuviera un menú para niños con juegos. Estoy seguro de que a mis padres también. Es asombroso lo que unos cuantos crayones y algunos juegos pueden hacer por los niños. Uno de mis favoritos era aquel en el que conectabas los puntos para formar una imagen. ¿Los recuerdas? La página estaba llena de puntos en lugares aleatorios con números adjuntos a cada uno de ellos. Solo tenía que comenzar en el punto 1 y trazar una línea hasta el 2, luego el 3, luego el 4, y así sucesivamente. Lo que inicialmente parecía un puñado de puntos al azar finalmente formaba una imagen sorprendente. La imagen oculta emergía solo después de conectar todos los puntos.

Creo que Dios nos invita a vivir de forma igual: inseguros de la imagen final, pero con el valor de dar cada paso, uno por uno, en el orden que Él nos los da. Y el objetivo no es solo formar la imagen, sino disfrutar del viaje.

Por lo general, Dios solo te mostrará el paso que debes dar y hacia dónde te diriges. "Lámpara es a mis pies tu palabra, y lumbrera a mi camino" (Salmos 119:105). Él es una lámpara que alumbra tu próximo paso y una lumbrera que apunta hacia donde te diriges. Eso es todo lo que Dios te mostrará porque quiere que estés desesperado por Él y dependas de Él, la Luz del mundo. No saber todos los detalles nos obliga a centrarnos en Él en lugar de confiar en nosotros mismos.

Jesús sabe que, si nos contara todos los detalles del futuro, no seríamos capaces de soportarlo. "Aún tengo muchas cosas que deciros, pero ahora no las podéis sobrellevar. Pero cuando venga el Espíritu de verdad, él os guiará a toda la verdad; porque no hablará por su propia cuenta, sino que hablará todo lo que oyere, y os hará saber las cosas que habrán de venir" (Juan 16:12-13). Jesús dice que no estamos preparados para todo lo que quiere contarnos, por eso nos ha dado el Espíritu Santo. Él promete que el Espíritu Santo nos dirá lo que debemos saber en el momento exacto cuando necesitemos saberlo. Nuestra tarea es dar el paso que tenemos por delante, para que por fe podamos vivir en toda la extensión de la revelación que tenemos. Solo tenemos que unir los puntos y aparecerá la mejor imagen de nuestra vida.

Dios dice: *Ven por aquí*. Respondemos: *Pero pensé que íbamos por otro camino*.

Dios dice: *Ven por aquí*. Respondemos: *Pero eso no tiene sentido*.

Dios dice: *Ven por aquí*. Respondemos: *Pero no me gusta ir por allí*.

Dios dice: *Ven por aquí*. Por fe, respondemos: *Está bien, Señor. Porque tú lo dices, te seguiré*.

Cada uno de nosotros tiene que decidir cómo vivirá. ¿Vamos a construir nuestra carrera basados en la mejor sabiduría del momento? ¿Vamos a buscar nuestra propia felicidad personal?

¿Vamos a liderar nuestras familias como lo hacen todos los demás? ¿Vamos a edificar nuestras iglesias sobre la base de la última estrategia de crecimiento de la iglesia? ¿O vamos a seguir la nube? Proverbios 16:25 señala: "Hay camino que parece derecho al hombre, pero su fin es camino de muerte". A manera de paráfrasis, lo que al principio nos parece bien suele ser la peor opción. Estoy cansado de tomar el camino que me parece bueno, pero que resulta ser un callejón sin salida. He aprendido que a menudo los caminos de Dios no son los que yo elegiría. De hecho, seguirlo significa hacer muchas cosas que no parecen tener sentido. Si los caminos de Dios son más altos que los nuestros, sus pasos para nosotros rara vez estarán en concordancia con la sabiduría de este mundo, pero siempre lo estarán con la sabiduría del cielo. Dios nos pedirá que demos cuando queremos recibir, que perdonemos cuando queremos una disculpa, que sirvamos cuando queremos que nos sirvan, que permanezcamos cuando queremos irnos y que nos vayamos cuando queremos quedarnos. La sabiduría celestial no siempre tiene sentido en las circunstancias terrenales, pero siempre te conducirá a la vida. Cuando seguimos el *camino* de Jesús, descubrimos su *verdad* y experimentamos su *vida* (ver Juan 14:6).

Seguir la nube es la clave para una vida libre de remordimientos.

Un amigo mío renunció recientemente a su trabajo de nivel ejecutivo muy bien remunerado, porque creía que eso era lo que Dios lo estaba invitando a hacer. Desistir del sueño americano es la pesadilla de la mayoría de las personas, pero no para él. Su corazón rebosa de paz y su vida está llena de alegría. No tiene idea de lo que sigue. No tiene otro trabajo entre manos. Solo sabe que escuchó el susurro del Señor que lo invitaba a seguir la nube, a dar el próximo paso. Cree que el lugar al que va es mejor que el lugar donde ha estado y que Dios lo está guiando a "un lugar especial". Su corazón de fe le está dando ojos para ver.

Quiero tener ese tipo de fe.

1, 2, 3, 4. No tienes que tenerlo todo resuelto, solo "conecta los puntos". Dios nos guía a dar pequeños pasos, no grandes saltos. ¿Cuál es el próximo punto que te está invitando a conectar? Está apareciendo una imagen sorprendente.

¡Ven y verás!

Sigue la nube: Vive libre

Comprender los momentos eureka de la vida viene a través de la obediencia. Recuerda tu momento eureka más reciente. ¿Qué llegaste a entender acerca de Dios? ¿Acerca de ti mismo?

Dios nos guía a dar pequeños pasos (puntos), no saltos gigantes. Piensa en los últimos seis meses y busca cualquier "punto". Ahora fíjate cómo podrían estar conectados. Si tu visión es confusa, pide a Dios claridad para conectar los puntos.

3

IMPULSO

Esta es una confesión. Me encanta el cambio, pero solo me encanta cuando es mi idea o cuando le digo a otra persona cómo debe cambiar. Pregúntale a mi esposa o a mi equipo. Soy realmente bueno para decir a otros que deben dar el próximo paso en sus vidas. Sin embargo, cuando se trata de cambios en mi propia vida, me resisto.

Para la mayoría de nosotros, cambio es una palabra que nos incomoda. Nos molesta cuando nuestro restaurante favorito cambia de menú. Nos disgustamos cuando la compañía de cable cambia los canales. Nos irritamos cuando la tecnología cambia más rápido de lo que podemos adaptarnos a ella. Por ejemplo, ¿cómo es que cada vez que compro un teléfono, salen con uno nuevo que hace que el mío quede obsoleto? ¿Y por qué tengo que actualizar mi sistema operativo? Me gusta tal como es. Ni siquiera hablemos de cuánto despreciamos el cambio en la iglesia. No nos gusta el cambio.

Cuanto más establecidos estamos en la vida, más nos resistimos al cambio. Hay algo acerca de la previsibilidad, que nos ofrece una supuesta sensación de seguridad. Nos sentimos seguros con aquello que podemos esperar. Nos sentimos seguros con aquello que podemos controlar. Y el cambio nos impulsa a lo desconocido.

Digámoslo como es. El cambio es incómodo.

No obstante, seguir la nube es cambiar. Si queremos avanzar, tenemos que tener el valor de elegir el cambio sobre la comodidad. Y, aunque no siempre es cómodo, el dolor momentáneo por el cambio conduce a la transformación duradera que deseamos.

Mariposas de una sola ala

Inherente a este viaje con Dios está entender que continuamente incluirá cambios. Caminar con Jesús es cambiar. El evangelio no es solo un mensaje de buenas noticias, sino también un mensaje de cambio. Venimos a Dios tal como somos, pero Él se niega a permitir que nos quedemos como somos, lo cual es una gran noticia para las personas que nos rodean.

Me gusta decirlo así: *Dios nunca permitirá que sigas siendo el mismo.* Su incesante amor se niega a permitir que te conformes. Aplicará la presión necesaria para mantenerte en un proceso continuo de transformación. Seguimos al inmutable Dios del cambio. Aunque Él nunca cambia, siempre que nos hace una invitación, implica un cambio. "De modo que si alguno está en Cristo, nueva criatura es; las cosas viejas pasaron; he aquí todas son hechas nuevas!" (2 Corintios 5:17). Como una oruga, en Jesús experimentamos una metamorfosis. Cuando una oruga se transforma en mariposa, hay una transformación tan completa, que lo que *era* ya no se ve en lo que *es*. Nadie confundiría jamás una oruga con una mariposa.

Dios nunca permitirá que sigas siendo el mismo.

Sin embargo, ¿alguna vez te preguntaste cómo es ese proceso para la oruga? No creo que sea la experiencia más agradable.

Después de llenarte con el bar de ensaladas de la naturaleza, te acuestas boca abajo para hacer una siesta larga y placentera. Mientras te acomodas en la envoltura de tu mantita de seda favorito, te quedas dormido profundamente mientras escuchas el sonido de los grillos que cantan serenatas. La vida es buena, pero de repente te despiertas con ruidos estomacales y sensaciones extrañas. Inseguro de lo que está sucediendo o cómo detenerlo, esperas pacientemente, con la esperanza de que sea un mal sueño. Luego, de la nada, alas gigantes comienzan a salir de tu espalda, piernas largas comienzan a salir de tu costado y antenas comienzan a salir de tu cara. ¡Sorpresa!

Ahora bien, no sé tú, pero yo prefiero volar como una mariposa, que arrastrarme como una oruga, aunque requiera la incomodidad de aceptar el cambio. Nunca debimos arrastrarnos por el barro; estábamos destinados a volar por el cielo. En Jesús, las cosas viejas pasaron y todas son hechas nuevas. Lo que *era* ya no se puede ver en lo que *es*. Tu nueva vida con Jesús no se confunde con tu antigua vida sin Él.

Sin embargo, a veces nos estancamos. A veces, debido a la incomodidad, dejamos de cambiar antes que nos hayan crecido las dos alas. Y una mariposa de una sola ala nunca volará.

Sigue avanzando

Lamentablemente, los israelitas casi nunca levantaron vuelo. Después que Dios derrotó a Faraón, finalmente fueron libres. La décima y última plaga, la Pascua, fue su momento de salvación. Se declaró la victoria. Faraón dejó ir a los hijos de Dios, pero cuando los israelitas comenzaron a seguir la nube fuera de Egipto, Faraón decidió que quería que el pueblo regresara. Faraón (el rey de las tinieblas) siempre quiere que la gente regrese, así que los persiguió con soldados, carros y caballos. Y, aunque ya había sido derrotado, utilizó la única arma que le quedaba: la intimidación.

Es un buen recordatorio de que cada vez que el enemigo es derrotado, lo único que le queda es intimidarnos. Gruñirá en nuestras vidas para tratar de provocar miedo en nuestros corazones, convencernos de que hemos sido o seremos derrotados, hacernos rendir y regresar a nuestra esclavitud. Sin embargo, no olvides que tu enemigo ya ha sido derrotado. Solo tiene autoridad para ladrar, no para morder. Así que sigue adelante.

No obstante, eso es más fácil decirlo que hacerlo, porque a veces hay obstáculos que hacen que parezca imposible continuar en el camino. La nube se mueve, pero el camino no siempre está claro para nosotros.

Incluso los israelitas se encontraron en lo que parecía ser un callejón sin salida. Frente a ellos estaba el Mar Rojo, una gigantesca masa de agua que parecía imposible de cruzar. Detrás de ellos estaba el airado ejército egipcio, que los perseguía con un espíritu de intimidación. Por un lado, se oía el estruendo de los caballos y los gritos de los soldados, y, por el otro, el sonido de las olas que rompían. Estaban atrapados, atascados en el espacio intermedio. Ya no eran esclavos, pero aún no vivían en libertad. Habían sido librados de la muerte, pero todavía tenían que ingresar a la vida. Habían salido de Egipto, pero aún no habían entrado a la tierra prometida. Estaban atrapados entre el pasado y la promesa de Dios, y tenían tres opciones: podían darse por vencidos y volver a la esclavitud; podían mantenerse firmes y luchar contra los egipcios, una batalla que Dios ya había ganado, o podían tener la fe para seguir a Dios fuera de su zona de confort y cruzar el apabullante Mar Rojo.

Al igual que para los israelitas, es fácil quedarnos atrapados en el espacio intermedio. Dios nos ha rescatado del reino de las tinieblas. Por medio de Jesús, hemos sido liberados de nuestra esclavitud, capataz y faraón: el pecado, la vergüenza y Satanás. "El cual nos ha librado de la potestad de las tinieblas, y trasladado al reino de su amado Hijo" (Colosenses 1:13). La victoria es nuestra. Empezamos a seguir la nube, pero, así de repente, *¡zas!*, nos podemos quedar estancados. Tenemos la fe para seguir a Dios y dejar atrás lo viejo, pero no tenemos fe para seguirlo y tomar lo nuevo. Hemos conocido a Jesús, pero no hemos descubierto la vida abundante. Ya no somos orugas, pero aún no nos hemos convertido en mariposas. Es como si viviéramos en algún lugar entre la cruz (el perdón de nuestros pecados) y la tumba vacía (la vida de resurrección). Y es un lugar miserable para estar. He estado allí, y apuesto a que tú también.

El espacio intermedio es un lugar desesperante, un árido desierto. Es un lugar donde no estamos satisfechos y vivimos descontentos. Donde la vida se define por la rutina de hacer las cosas por inercia. Donde aceleramos nuestros motores y hacemos girar nuestras ruedas, pero no avanzamos. No podemos volver al lugar de donde vinimos, y tampoco hemos llegado a donde vamos.

La vida no es lo que era, pero tampoco es la que debe ser. Estamos estancados. Y, para muchos de nosotros, esto se convierte en un hogar. Se convierte en nuestra nueva normalidad. Empezamos a creer que esto es lo mejor que podemos vivir. Empezamos a creer que Dios no cumple sus promesas, pero no es que no haya cumplido sus promesas, sino que no hemos tenido fe para seguirlo. Todas las promesas de Dios nos pertenecen, pero debemos tener fe para reclamarlas. Así que nos instalamos en lugares por los que Dios quería que solo pasáramos. Dejamos de dar nuestro próximo paso y decidimos establecernos donde nunca debimos vivir. Nos resignamos a la vida de mariposas de una sola ala.

Me encanta lo que Dios le dice a Moisés, lo que nos dice a nosotros cuando nos estancamos: "Por qué clamas a mí? *Di a los hijos de Israel que marchen.* Y tú alza tu vara, y extiende tu mano sobre el mar, y divídelo, y entren los hijos de Israel por en medio del mar, en seco" (Éxodo 14:15-16). Los israelitas no estaban estancados porque la nube no se movía, sino porque no la estaban siguiendo. La nube los conducía a través del Mar Rojo, pero ellos querían volver a Egipto. Siguieron la nube, solo para cuestionarla cuando el cambio se volvió incómodo. Entonces Dios dijo: *Oigan, dejen de quejarse, dejen de mirar hacia atrás y no se queden aquí. Han estado en este lugar bastante tiempo. Es hora de moverse, de dar el paso siguiente. Partiré estas aguas. Síganme a través de lo que parece imposible, porque mis promesas esperan del otro lado.* La única manera de avanzar es dar un paso hacia lo que parece imposible. Y, como un padre amoroso que llama a su hijo pequeño a saltar a la piscina, Dios dice suavemente: *Te prometo que te atraparé.*

Los israelitas no estaban estancados porque la nube no se movía, sino porque no la estaban siguiendo.

Es importante recordar que nunca nos estancamos en la vida porque Dios no se mueva, sino porque dejamos de seguirlo. Como los israelitas, siempre tenemos tres opciones. Podemos volver a vivir en esclavitud, volver al quebranto y al dolor del pasado. Podemos pasar nuestra vida peleando las batallas que Dios ya ha ganado, luchando contra la vergüenza, las adicciones, los remordimientos, el abuso, las relaciones y los fracasos que ya han sido vencidos, lo cual significa una batalla interminable con un enemigo que ya se ha vuelto impotente. O podemos seguir por fe y cruzar hacia lo desconocido del cambio.

La decisión es tuya. Sin embargo, hasta que decidas cruzar, los caballos y los carros, las preocupaciones y los desvelos de la vida, nunca dejarán de perseguirte. El amor de Dios les permite perseguirte hasta que te desesperes tanto que lo sigas a donde nunca elegirías ir por tu cuenta. Y, aunque podemos detestarla, en realidad, la desesperación es la gracia de Dios porque puede llevarnos a donde no tuvimos fe para ir.

Un nuevo vocabulario

No sé si alguna vez te has dado cuenta de esto, pero Dios tiene la tendencia de llevarnos a situaciones que parecen imposibles. Le encanta llevarnos a la orilla de nuestro propio Mar Rojo para ver si tenemos fe para seguirlo. Dios quiere que confrontemos las imposibilidades de la vida para poder mostrarnos su poder ilimitado. Nos lleva a las cosas que nos dan miedo para hacernos valientes en su amor. En otras palabras, a Dios le gusta borrar los "siempre" y los "nunca" de nuestro corazón.

De modo que aquí hay una sugerencia. ¿Y si juntos acordáramos prohibir esas dos palabras de nuestro vocabulario? ¿Y si dejáramos de usar *siempre* y *nunca* en nuestra vida diaria? *Las cosas siempre serán así. Esto nunca mejorará. Siempre tendré que hacer esto. Nunca seré libre.* Me pregunto con qué frecuencia declaramos esas dos palabras sobre nuestras vidas o con qué frecuencia las susurramos a nosotros mismos. Hemos creado una prisión autoimpuesta, atrapados por las rejas del *siempre* y *nunca*. Nos hemos convencido de que muchas cosas son imposibles, pero el único *siempre* y *nunca* que es cierto es que Dios siempre estará contigo y que nunca te dejará ni te desamparará (ver Mateo 28:20; Hebreos 13:5). Para Dios nada es imposible.

Entonces, ¿cuál es tu Mar Rojo? ¿Qué es eso que parece imposible de cruzar? ¿En qué situación están las palabras *siempre* y *nunca* causando que te alejes de aquello adonde Dios te está guiando? Tal vez sea renunciar a ese empleo donde tienes antigüedad para comenzar una nueva carrera. Tal vez sea mudarte de donde has pasado toda tu vida a un lugar donde nunca has estado. Tal vez sea perdonar a esa persona que rompió algo muy dentro de ti. Tal vez sea adoptar un hijo. No sé cuál será el tuyo, pero muchos de nosotros le hemos dado la espalda a las olas rompientes de nuestro Mar Rojo y estamos estancados peleando batallas que Dios ya ganó. Recuerda que tu futuro siempre está al otro lado de tu miedo. Es posible que estés a solo un paso de un cambio radical. Es posible que estés a solo un paso de una vida totalmente diferente. Es hora de borrar los *siempre* y *nunca*, porque con Él todo es posible.

El único *siempre* y *nunca* que es cierto es que Dios siempre estará contigo y que nunca te dejará ni te desamparará.

Fuera de la caja

Tristemente, muchos de nosotros no creemos que todo sea posible porque hemos puesto a Dios en una caja. Permíteme explicarte.

Me encanta la Navidad, pero *detesto* las decoraciones navideñas. Reconozco que es una declaración fuerte, pero no es que deteste las decoraciones, sino que me desagrada mucho guardarlas. No importa cuánto lo intente, nunca puedo volver a colocarlas todas en la caja. El árbol gigante de 1,80 m nunca vuelve a caber en la caja original de 30 cm. Nuestros adornos, coronas, muñecos de nieve y pesebres no caben en el bolso de goma que tenemos. Doce mil metros de luces enredadas no caben en una sola caja. Las decoraciones navideñas son maravillosas cuando están en exhibición, pero nunca se idearon para estar guardadas en una caja. Así que todos los años, lucho por tratar de meter las decoraciones de toda una tienda en un par de cajas pequeñas. Y rápidamente pierdo el espíritu navideño que me queda.

Tenemos ese mismo problema con Dios. Tratamos de meterlo a la fuerza en una caja que es demasiado pequeña. Queremos que quepa en un espacio que podamos controlar: una caja con tapa y asas que sea segura para transportar y guardar en el ático. Sin embargo, poner a Dios en una caja es colocarle nuestras propias limitaciones. Y, cada vez que limitamos a Dios, instantáneamente nos quedamos estancados.

Para muchos de nosotros, nuestras experiencias pasadas han formado nuestra teología. Hemos permitido que nuestras experiencias determinen lo que creemos en lugar de permitir que lo que creemos determine lo que experimentamos. Dicho de otra manera, nuestras experiencias han formado el tamaño y la forma de la caja en la que ponemos a Dios. Muchos de nosotros creemos que Dios no puede, Dios no hará, Dios no es, porque, en algún momento del camino, nuestra experiencia nos mostró que Dios no pudo, Dios no hizo o Dios no fue. Así que cuestionamos su poder, su voluntad y su bondad. Creamos una caja, un marco de limitaciones en el que tratamos de meterlo; pero cuando ponemos limitaciones alrededor de Dios, sin querer, ponemos limitaciones alrededor de nosotros mismos. No puedo. No haré. No soy. Y cuando ponemos limitaciones a nuestro alrededor, también ponemos limitaciones a los demás. No pueden. No harán. No son. Es un círculo vicioso que conduce a vidas derrotadas.

Sin embargo, Dios es más grande que tu caja. Es más amoroso, clemente, poderoso, misericordioso y compasivo que la caja en la que lo guardas. Y la única forma de expandir los límites de tu caja es seguirlo hasta lo imposible: cruzar el Mar Rojo. Dios te lleva a lo desconocido porque quiere que veas que a Él no se lo puede ocultar o contener. Él te invita a explorar la extensión ilimitada de sí mismo un paso a la vez. Oro "para que habite Cristo por la fe en vuestros corazones, a fin de que, arraigados y cimentados en amor, seáis plenamente capaces de comprender... cuál sea la anchura, la longitud, la profundidad y la altura" (Efesios 3:17-18). En otras palabras, *que Dios haga estallar tu caja.* Nunca cabrá en ninguna caja, porque está destinado a estar en exhibición. No reduzcas tu teología a tus experiencias personales; eleva tus experiencias a la altura de tu teología.

Él puede. Él hará. Él es. Esto significa que... Tú puedes. Tú harás. Tú eres.

¿Quieres ser sano?

El estanque de Betesda era, digamos, interesante. Era un lugar de reunión para los desahuciados, personas que habían puesto a Dios en una caja. A su alrededor yacía una multitud de heridos, enfermos y discapacitados. Llagas, enfermedades e inmundicia plagaban a los que vivían allí. El sonido continuo de gemidos de dolor, gritos desgarradores y oraciones desesperadas llenaban el aire. Eran personas desesperadas. Eran personas estancadas, sin cambio, sin vida y sin futuro. El último lugar que elegiríamos para visitar fue una de las primeras paradas de Jesús en el libro de Juan.

"*¿Quieres ser sano?*" (Juan 5:6).

Esa es tal vez una de las preguntas que más incita a la reflexión, que Jesús hizo a cualquiera en los Evangelios. Solo detente a pensar. Aquí hay un hombre cojo que ha estado inválido durante treinta y ocho años. ¡Treinta y ocho años! No ha podido caminar, cuidar de sí mismo o perseguir sus sueños. Toda su vida está definida por un lecho de 90 cm por 1,80 m. Es el máximo ejemplo de alguien estancado. Su enfermedad es su Mar Rojo. Y Jesús le pregunta: "¿Quieres ser sano?".

Puedo imaginar a los discípulos pensar: *Vamos, Jesús. Mira a este pobre hombre. Por supuesto que quiere ser sano. Por supuesto que quiere caminar. Solo sánalo y salgamos de este lugar desagradable antes que nos contagiemos algo.* Sin embargo, Jesús le pregunta directamente al hombre: "¿Quieres ser sano?". ¿Por qué? Porque Jesús sabe que, si no queremos ser sanos, no puede obligarnos.

Jesús no puede forzarnos a recibir la vida que Él ofrece.

Muchos de nosotros somos muy buenos en eso de hablar por hablar. Decimos que queremos ser sanos. Decimos que queremos avanzar en nuestra vida. Actuamos como si quisiéramos salir de nuestro estancamiento y ser libres, pero cuando Jesús nos pregunta: "¿Quieres ser sano?", nuestra respuesta a menudo es "no". En realidad, no queremos ser sanos, porque hemos encontrado nuestra identidad en nuestro quebranto. Nuestras vidas están definidas por esos trabajos que detestamos, las relaciones tóxicas en las que estamos, el escepticismo que tenemos, las adicciones que nos tienen atrapados o las rutinas diarias de las que nos quejamos todo el tiempo. Por mucho que nos guste la idea de ser sanos, no sabemos quiénes seríamos sin nuestro lecho.

Si somos sinceros, a veces preferimos la seguridad sin Dios, que el cambio al que Dios nos quiere llevar.

Nuestro quebranto puede convertirse fácilmente en nuestro consuelo. La familiaridad de los grilletes suele ser más reconfortante que lo desconocido de la libertad. Sin duda, lo era para este hombre.

"Señor, le respondió el enfermo, no tengo quien me meta en el estanque cuando se agita el agua; y entre tanto que yo voy, otro desciende antes que yo" (Juan 5:7). ¡Qué respuesta interesante! El hombre da a Jesús un montón de excusas de por qué es como es y por qué no ha cambiado, pero no responde la pregunta que Jesús le hace. Jesús no le está preguntando por qué está estancado, sino si quiere ser sano.

> La familiaridad de los grilletes suele ser más reconfortante que lo desconocido de la libertad.

Es muy fácil ofrecer excusas para justificar dónde estamos en la vida. Podemos explicar fácilmente por qué estamos estancados o por qué no podemos cambiar. Nos han herido o engañado; se han aprovechado de nosotros; no hemos tenido las oportunidades adecuadas; nadie nos ha ayudado, y cosas por el estilo. Tal vez conoces la lista tan bien como yo. Y, aunque todas esas cosas pueden ser ciertas, ¿qué pasaría si dejáramos de mirar hacia atrás, a *qué*, y empezáramos a mirar hacia adelante, a *quién*? Este hombre estaba tan concentrado en su enfermedad que se olvidó de mirar al Sanador que estaba frente a él. Jesús lo estaba invitando a pasar de ser víctima a ser victorioso.

La nube estaba allí para sanar a aquellos que estaban dispuestos a moverse, pero a veces el primer paso es el más difícil. La ley de la inercia dice que las cosas en estado de reposo permanecen en estado de reposo, y las cosas en movimiento permanecen en movimiento. Y si bien eso es cierto en la física, también lo es en la vida.

¿Quieres ser sano? "*Levántate, toma tu lecho, y anda. Y al instante aquel hombre fue sanado, y tomó su lecho, y anduvo*" (Juan 5:8-9).

El impulso espiritual comienza con el próximo paso que debes dar.

Siempre ha habido algo en esta historia que me ha molestado. Después que Jesús sanó a este hombre, ¿por qué nadie más dijo: "Jesús, sáname también a mí"? Había personas enfermas alrededor del estanque, que acababan de presenciar esta sanidad, pero nadie más pidió ayuda a gritos. A pesar de que estaban a un solo paso de una nueva vida, solo vieron a Jesús llegar e irse. Si fueras la persona enferma sentada al lado de este hombre, ¿no le pedirías que te sane también? ¿Por qué este milagro no encendió un avivamiento de sanidad? Tal vez fue porque nadie más quería ser sano realmente, porque recuperarse es cambiar. Tal vez estaban contentos con sus vidas estancadas en la comodidad de su quebranto en lugar de seguir a Jesús hacia lo desconocido de una vida de plenitud.

¿Quieres ser sano? Entonces toma tu lecho, da tu próximo paso y anda.

Es solo mantequilla de maní

Unos años después del 11 de septiembre, hice un viaje misionero a Pakistán. Definitivamente, no es una de las cosas más sabias que he hecho. Debería haber sabido que no era una buena idea cuando nos hicieron firmar un formulario que decía que el gobierno no vendría a rescatarnos si nos capturaban. Durante diez días viajamos por todo el país orando para que las personas tuvieran un encuentro con Jesús. Fue muy intenso, y estaba muy contento de volver a casa.

Hacia el final del viaje, comencé a sentirme muy mal. Tenía fiebre altísima, temblores, escalofríos, visitas al baño, ojos irritados y pensamientos confusos, todo al mismo tiempo. El síntoma que se te ocurra, yo lo tenía. De alguna manera, había contraído la fiebre del dengue. ¿Qué es la *fiebre del dengue*? Yo tampoco lo sabía, pero oro para que nunca la conozcas.

Tienes que soltar lo que está en tu mano si quieres descubrir lo que está en el corazón de Dios.

Cuando salíamos del país, nuestro equipo llegó al control de seguridad del aeropuerto y, mientras registraban mi bolso, encontraron mi atesorado frasco de mantequilla de maní a medio comer. Soy quisquilloso con la comida y la mantequilla de maní fue mi principal fuente de alimento durante el viaje. Al parecer, nunca antes habían visto mantequilla de maní y estaban muy preocupados por esa sustancia cremosa. Me echaron un vistazo —un hombre blanco de 1,80 m de Estados Unidos con una larga barba, ojos enrojecidos y temblores— y concluyeron que era un traficante de drogas que estaba drogado.

Mientras me "escoltaban" al área de detención, no dejaba de pensar: *¡Quiero a mi mamá!* Todo lo que podía imaginar era que pasaría el resto de mi vida compartiendo habitación con algún terrorista en una prisión pakistaní.

Después de estar sentado en una pequeña celda durante lo que parecieron horas, dos funcionarios paquistaníes enojados entraron y arrojaron mi frasco de mantequilla de maní sobre la mesa. No dejaban de preguntarme qué era, qué estaba tomando y qué estaba contrabandeando. ¡En serio!

Por fin, después de hacer todo lo posible para convencerlos de que solo era comida y que no era un contrabandista, aceptaron dejarme ir, pero solo si dejaba la mantequilla de maní. Con mucho gusto me separé del sabroso frasco que me había mantenido con vida durante los últimos diez días y abordé mi vuelo, agradecido de volver a casa.

Es increíble pensar que lo único que me impedía llegar a donde me dirigía era un frasco de mantequilla de maní a medio comer. Hubiera sido una locura elegir un frasco de mantequilla de maní en lugar de mi libertad, pero tomamos esa decisión todo el tiempo. Nos aferramos a las mismas cosas que nos retienen.

El joven rico es un excelente ejemplo de esto. Cuando le preguntó a Jesús cómo podía tener vida eterna, "Jesús, mirándole, le amó, y le dijo: Una cosa te falta: anda, vende todo lo que tienes, y dalo a los pobres, y tendrás tesoro en el cielo; y ven, sígueme, tomando tu cruz. Pero él, afligido por esta palabra, se fue triste, porque tenía muchas posesiones" (Marcos 10:21-22). Lo último de lo que este hombre quería hablar era lo primero que le mencionó Jesús. Si yo fuera el joven rico, hubiera pensado: *¿En serio, Jesús? ¿Mi dinero? Con mucho gusto me uniré a un grupo pequeño, invitaré a alguien a la iglesia, serviré a mi prójimo o haré cualquier cosa que no sea donar todo mi dinero*. Sin embargo, debido a que el amor siempre satisface la necesidad más importante de la otra persona, Jesús estuvo dispuesto a arriesgarse a que se alejara para que fuera libre. Jesús enfatizó la única cosa que lo estaba deteniendo, pero debido a que este hombre se negó a soltar su dinero, no pudo llegar a donde quería ir. Se aferró a su mantequilla de maní y perdió su vuelo.

Me pregunto a qué te estarás aferrando.

Me pregunto qué te podría estar deteniendo. Tal vez sea el dinero, un trabajo, una relación, una ofensa, un pasatiempo, una adicción, una creencia impía, la comodidad, el miedo, la ansiedad, la religión o tu pasado. Lo último de lo que quieres hablar es probablemente lo primero que Jesús quiere abordar. Si no estás seguro, ten el valor de preguntar a algunas personas que conoces: "¿Qué creen que me impide seguir a Jesús?". A veces tienen una perspectiva más precisa que la tuya.

Por más importante que creas que es esa cosa, es solo mantequilla de maní. No vale la pena quedarse estancado. La libertad es mejor que un frasco de mantequilla de maní. Cualquier cosa que Jesús te está ofreciendo es mejor que lo que tienes.

Sé que es difícil soltar algo que te ha brindado consuelo e identidad, pero gracias a que Jesús te ama entrañablemente, puedes aferrarte a las cosas de la vida sin apretarlas mucho. Tienes que soltar lo que está en tu mano si quieres descubrir lo que está en el corazón de Dios. La nube no te ha llevado tan lejos para dejarte estancado ahora.

Tal vez sea hora de dejar la mantequilla de maní.

Sigue la nube: Vive libre

¿Te describirías como una persona que acepta o que se resiste al cambio? ¿Qué cambio has experimentado en el último año? Si lo aceptaste, ¿qué has aprendido? Si te resististe, ¿cómo va eso?

¿Cómo han formado tu visión de Dios las palabras *siempre* y *nunca*? ¿En qué áreas de tu vida has puesto a Dios en una caja sin querer? Tómate un momento para reflexionar sobre esa última pregunta; no respondas demasiado rápido.

Sección 2

RECIBIR SU GRACIA

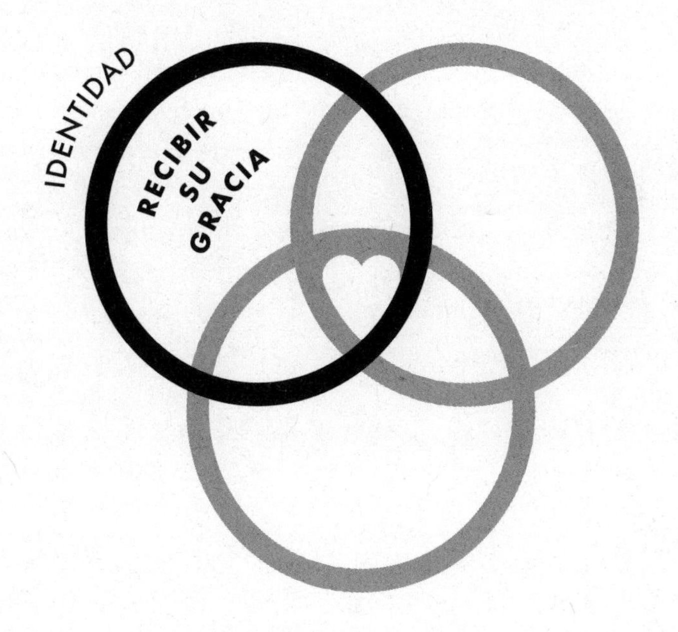

CUANDO SABES QUIÉN ERES,
NO QUIERES SER NADIE MÁS.

4

BONDAD ABRUMADORA

Tú, con todo, por tus muchas misericordias no los abandonaste en el desierto. La columna de nube no se apartó de ellos de día, para guiarlos por el camino, ni de noche la columna de fuego, para alumbrarles el camino por el cual habían de ir

—Nehemías 9:19

Recientemente, estaba pensando en algunos de esos momentos de mi vida cuando hice un completo desastre; momentos en los que me equivoqué y me avergoncé. La lista era mucho más larga de lo que me gustaría admitir.

Todavía puedo escuchar el sonido del plástico al romperse cuando destruí la moto de agua nueva de mi papá. Recuerdo cuando me arrestaron por prenderle fuego a las calabazas de mi vecino una noche de Halloween. Nunca olvidaré que rompieron la hoja de mi examen por hacer trampa en la clase de cálculo. Y todavía me duele el trasero por escribir "Johnny estuvo aquí" en todas las paredes con el esmalte de uñas de mi mamá. Sí, la lista es larga.

Sin embargo, uno de mis desastres favoritos, si es que lo ha sido, fue la primera vez que bauticé a alguien. Era un hombre gigante, por lo menos de dos metros. Una gran multitud se había reunido alrededor de la piscina y yo estaba muy nervioso. Me temblaban las manos, me temblaba la voz, me latía el corazón con fuerza, y solo quería terminar de una vez. Entonces dije: "Yo te bautizo en el nombre del Padre, y del Hijo, y mmmmm". Mi mente se congeló por completo y me olvidé del Espíritu Santo. Así que entré en pánico. Traté de sumergirlo rápidamente bajo el agua, pero como era tan alto, solo pude sumergirlo hasta el cuello. Su cabeza nunca se hundió. Torpemente, me miró, y ninguno de los dos sabía qué hacer. Supongo que podría haberle hundido la cara con la mano, pero eso no habría sido bueno para nadie. Así que, sin otra opción, lo levanté. Todos en la habitación se echaron a reír y yo quería desaparecer. Como sabrás, el que bautiza solo tiene una tarea: decir la frase tradicional y hacer que el hombre se hunda por completo. De alguna manera hice un completo desastre. No hace falta decir que no me invitaron a bautizar a nadie más durante mucho tiempo.

Hasta el día de hoy, las personas que estaban allí me hacen bromas. Me preguntan en tono burlón: "¿Ese bautismo cuenta? ¡Porque nunca lo sumergiste totalmente ni mencionaste al *Espíritu Santo*!".

Apuesto a que tu vida ha estado llena de desastres como el mío. Tal vez tengas tu propia lista muy fácil de recordar. Algunos de ellos pueden provocarte risa ahora, mientras que otros aún pueden causarte mucho dolor. La reacción de las personas a nuestras fallas nos ha condicionado a avergonzarnos, escondernos e incluso pagar por nuestros errores. Nuestras experiencias pasadas han creado nuestras expectativas presentes. A menudo esperamos lo peor de los demás porque hemos experimentado lo peor y, lamentablemente, tenemos las mismas expectativas con Dios. Entonces, en lugar de seguir la nube, a menudo nos escondemos de ella.

Sin embargo, tal vez Jesús sea diferente a nuestras expectativas.

Voy a pescar

Uno de mis ejemplos favoritos de este concepto se encuentra en Juan 21. Permíteme darte el marco de la historia. Pedro es un desastre. Lo sé, lo sé, ninguna sorpresa.

Solo unos días antes, Jesús les dijo a los discípulos que le esperaba la cruz y que todos lo negarían. Pedro, como solo él podía hacerlo, dio un paso al frente y declaró su lealtad a Jesús: "Aunque me sea necesario morir contigo, no te negaré" (ver Mateo 26:31-35). En ese momento, Pedro cometió el clásico error que todavía cometemos hoy: estaba más concentrado en su compromiso con Jesús, que en el compromiso de Jesús con él. En lugar de decir: "Nunca te negaré", Pedro debería haber declarado: "Tú nunca me negarás". La vida no se trata de lo que nosotros hacemos por Jesús, sino de lo que Él ha hecho por nosotros. Los que seguimos la nube estamos más concentrados en la fidelidad de Dios hacia nosotros, que en nuestra fidelidad hacia Él, porque incluso "si fuéremos infieles, él permanece fiel" (2 Timoteo 2:13).

"Jesús le dijo: De cierto te digo que esta noche, antes que el gallo cante, me negarás tres veces" (ver Mateo 26:34). Y eso fue lo que pasó. Pedro negó a Jesús frente a una criada. El sonido de su falta resonó en el aire cuando el gallo cantó, y Pedro se quebró. Puso todo su esfuerzo y cayó aún más fuerte. A veces parece que cuanto más lo intentamos, peor fallamos. Pedro estaba derrotado y sin esperanza. Jesús se había ido. Así que corrió a su escondite favorito: el Mar de Galilea.

> Simón Pedro dijo:
>
> —Me voy a pescar.
>
> —Nosotros también vamos —dijeron los demás.

> Así que salieron en la barca, pero no pescaron nada en toda la noche.
>
> Al amanecer, Jesús apareció en la playa, pero los discípulos no podían ver quién era. Les preguntó:
>
> —Amigos, ¿pescaron algo?
>
> —No —contestaron ellos.
>
> Entonces él dijo:
>
> —¡Echen la red a la derecha de la barca y tendrán pesca!
>
> Ellos lo hicieron y no podían sacar la red por la gran cantidad de peces que contenía.
>
> Entonces el discípulo a quien Jesús amaba le dijo a Pedro: «¡Es el Señor!». Cuando Simón Pedro oyó que era el Señor, se puso la túnica (porque se la había quitado para trabajar), se tiró al agua y se dirigió hacia la orilla… «¡Ahora acérquense y desayunen!», dijo Jesús. Ninguno de los discípulos se atrevió a preguntarle: «¿Quién eres?». Todos sabían que era el Señor. Entonces Jesús les sirvió el pan y el pescado. (Juan 21:3-7, 12-13, NTV).

Pedro falló. ¿Y qué hacemos nosotros cuando fallamos? Acudimos a lo que sea que nos brinde consuelo. Para Pedro fue la pesca. ¿Qué es para ti? Tal vez encuentres consuelo en tu trabajo, un pasatiempo, una relación, una sustancia, Facebook o Netflix. Cuando fallamos, corremos hacia lo que sea que nos consuele. Corremos hacia lo que podamos controlar. Así que Pedro corrió de regreso a su barca.

Sin embargo, no creo que Pedro estuviera realmente concentrado en pescar aquella noche. Creo que la película de la vergüenza estaba pasando una y otra vez por su mente. Creo que mientras sostenía una red vacía con su mano, seguía repasando sus errores al eco del canto del gallo. La vergüenza es un amo cruel que se mete en lo más profundo de nuestro corazón por la puerta del fracaso. Nos hace revivir nuestros peores momentos en los peores momentos. Es implacable y nos lleva a encontrar refugio en las cosas de este mundo, a buscar consuelo en cosas que solo pueden adormecer, no sanar. La vergüenza nunca duerme.

La vergüenza nunca duerme, pero Jesús tampoco.

Pero Jesús tampoco.

Así que, temprano en la mañana, Jesús resucitado apareció en la orilla de Galilea. Fue en esa misma orilla donde Jesús se acercó a Pedro por primera vez, antes que Pedro hubiera hecho algo digno para que lo llamara, y le dijo: "Ven y sígueme". Y ahora fue a buscar a Pedro incluso después que le había fallado. Jesús se acercó a Pedro antes que Pedro hiciera algo bien e incluso después que hiciera todo mal, porque eso es lo que hace Jesús.

Ahora bien, no sé tú, pero cuando alguien me lastima, no voy a buscar a esa persona; espero que esa persona venga a mí. Por ejemplo, cuando mi esposa, Colleen, hace algo que me lastima o me molesta, me alejo. Retrocedo y le doy un buen espacio para que venga y se disculpe conmigo. Le doy todo el espacio relacional para que ella me busque y me diga lo equivocada que estaba y lo maravilloso que soy yo, pero normalmente pasan unos dos días sin que ella se disculpe. Así que, al final, voy y le digo:

—¿Me vas a pedir disculpas o qué?

—¿Pedir disculpas por qué? —me responde ella con una mirada confundida.

El problema es que han pasado dos días y ni siquiera puedo recordar por qué estoy enojado. Entonces digo: "Eh, no me acuerdo, pero estabas equivocada y deberías disculparte". Y de alguna manera, al final de la discusión, termino por tener que disculparme yo con ella. Un ejemplo clásico.

Sin embargo, a pesar de que podemos alejarnos unos de otros, Jesús insiste. Jesús no espera que vayamos a Él, sino que Él viene a nosotros: "Porque el Hijo del Hombre vino a buscar y a salvar lo que se había perdido" (Lucas 19:10). Él nos busca en nuestros momentos más bajos y nos saca de nuestros escondites, con ojos de amor, manos de gracia y palabras de vida. La buena noticia es que no tienes que buscar la *esperanza*, porque la *Esperanza* te busca a ti.

Listos o no, ahí voy

A mis hijos les encanta jugar al escondite. Creo que a todos los niños les gusta. Tal vez sea porque nacemos con una propensión a escondernos, aunque deseamos que nos encuentren. Sin embargo, no importa cuánto lo intenten mis hijos, no son muy buenos para esconderse. Mientras cuento, salen corriendo e intentan desaparecer, pero puedo escucharlos reírse en el armario, veo los dedos de sus pies que sobresalen de detrás de las cortinas o los veo arrastrarse debajo del sofá sobre el que estoy sentado. A pesar de que lo intentan, en realidad no pueden esconderse de mí.

Ya no somos niños, pero todavía jugamos al escondite, solo que ahora es con Dios. La mayoría de nosotros lo sabemos. Creemos que Él se esconde y nosotros lo buscamos. Creemos que este Dios misterioso y escurridizo se esconde en algún lugar lejano del cosmos y que, si buscamos lo suficiente, podremos vislumbrarlo de manera fugaz; pero la verdad es que somos nosotros los que nos escondemos y Él es el que busca.

Piensa en Adán y Eva. Tan pronto como comieron del fruto prohibido, corrieron y se escondieron. Y así comenzó el primer juego del escondite en la historia humana. Dios vino caminando por el huerto. *Adán, ¿dónde estás?* ¿O qué me dices de Moisés? Después de matar a un hombre, corrió al desierto y se escondió como pastor. Dios buscó a Moisés a través de una zarza ardiente. *Moisés, ¿dónde estás?* ¿Y qué hay de David? Después de dejar embarazada a la esposa de otro hombre y asesinarlo, se escondió en su palacio. Dios fue a buscarlo a través del profeta Natán. *David, ¿dónde estás?*

Es la vergüenza del fracaso lo que hace que nos escondamos del mismo amor que quiere hacernos libres. El último lugar al que vamos es el primer lugar al que debemos correr. Y, como niños pequeños, nos escondemos a plena vista mientras Dios camina por nuestras vidas y nos susurra: *¿Dónde estás? Sal, sal de dondequiera que estés.*

¿Dónde te escondes? Tal vez una pregunta mejor sea: *¿por qué* te escondes?

Dios es muy bueno para buscarnos. Nosotros somos muy malos para escondernos. Y Él nunca pierde.

El canto del gallo

"Amigos, ¿pescaron algo?". El escondite de Pedro obviamente no fue muy eficaz. Y me encanta cómo Jesús se dirigió a él. Lo llamó amigo. No pecador y perdedor o fracasado y farsante. *Amigo.* Jesús no definió a Pedro por su falta. En cambio, restauró su identidad.

La falta de Pedro había dañado su visión de quién era él. Ahora lo cubría una capa de vergüenza, y la vergüenza siempre oculta la verdad. Jesús quería eliminar el canto del gallo de la lista de reproducción de su mente para sacar a la luz la verdad oculta. Ya conoces ese sonido: *¡quiquiriquí!* La voz condenatoria que suena en nuestra mente. La voz que nos recuerda nuestros errores. *Soy un perdedor. Soy un fracasado. Soy incapaz de inspirar amor. Soy un don nadie. No valgo nada. Soy un desastre.* ¿Cómo suena el canto del gallo en tu mente? Por experiencia, sé que puede ser muy fuerte y cruel. El cacareo de condenación te recuerda lo que *tú has hecho*, pero el susurro del Espíritu Santo te recuerda lo que *Jesús ha hecho*. Jesús hace callar al gallo y te llama como el que eres: su amigo.

"—Amigos, ¿pescaron algo? —No —contestaron ellos. Entonces él dijo: —¡Echen la red a la derecha de la barca y tendrán pesca!" (Juan 21:4-6, NTV). Vacilante, Pedro arrojó su red vacía al agua, y al instante se llenó de peces. Jesús le colmó de una bondad que no merecía. ¡Algo inesperado!

Jesús recibió lo que tú merecías para que tú pudieras recibir lo que Él merecía.

Ya sea que nos demos cuenta o no, la mayoría de nosotros tenemos esta pequeña creencia religiosa en nuestra mente, que dice que tenemos lo que merecemos. Creemos que, si *somos buenos*, recibiremos *cosas buenas*. Y si *somos malos*, recibiremos *cosas malas*. Eso es lo que creemos porque eso es lo que hemos experimentado. El mundo nos ha condicionado a creer que tenemos lo que merecemos.

Pedro ciertamente no se merecía una red llena de peces. Se merecía un agujero en la barca. La historia fácilmente podría decir: "*Jesús viene caminando por la orilla. —Oigan, fracasados, ¿han pescado algo? —No —responden—. Y tampoco lo harán. Entonces, Jesús chasquea los dedos, aparece un agujero en la barca y se hunden hasta el fondo del mar*". Asentiríamos con la cabeza y le diríamos. "Sí, Pedro. Ahí tienes lo que te mereces. Por negar a Jesús frente a una criada. ¡Vamos, hombre!". Ese es el evangelio según la religión.

Sin embargo, eso no es lo que sucedió. ¿Por qué? Porque solo unos días antes en la cruz, Jesús recibió lo que Pedro merecía para que Pedro pudiera recibir lo que Jesús merecía. Jesús experimentó el agujero en la barca para que Pedro pudiera tener la red llena de peces. Jesús se ensució para que Pedro pudiera estar limpio. ¿Puedes detenerte por un momento y comprender esta verdad? Jesús recibió lo que tú merecías para que tú pudieras recibir lo que Él merecía. Tu falta no puede invalidar su amor. Ya no se trata de lo que tú haces; se trata de lo que Él ha hecho. Cualquier falta que hayas cometido, Jesús la ha limpiado. No solo canceló tu deuda, sino que también la acreditó a tu cuenta. Él ha perdonado tus pecados *y* te ha bendecido con toda bendición espiritual (ver Hechos 2:38; Efesios 1:3). La red llena de peces ahora te pertenece a ti, no porque te portaste bien, sino porque creíste.

Atraído, no impulsado

Cuando Pedro se dio cuenta de que era Jesús, saltó al agua y nadó hasta la orilla. El inmenso amor de Dios movió a Pedro hacia Jesús. Romanos 2:4 dice: "Su benignidad te guía al arrepentimiento". La bondad de Dios es lo que nos hace libres para que salgamos de la oscuridad hacia la luz; para presentarle nuestras faltas sin temor a la condenación. Cuando estamos abrumados por nuestras faltas, la nube nos inunda de su bondad. La gracia de Dios nos concede un favor que no merecemos y un poder sobrenatural para seguir adelante. Cambia nuestra dirección. Nos atrae hacia adelante. En el reino, somos atraídos por la gracia, no impulsados por las expectativas.

Tenemos que recordar que la gracia nos atrae hacia Dios, mientras que la vergüenza nos aleja. La vergüenza no nos motiva a seguir; nos lleva a nuestros escondites favoritos. Es una herramienta demoníaca que Satanás usa para mantenernos atrapados en la oscuridad. Las capas de vergüenza no cambiarán a nuestros hijos, cónyuges o amigos, y tampoco a nosotros. La vergüenza puede motivarnos a cambiar de conducta en el momento, pero nos deja heridas que duran mucho tiempo. La vergüenza endurece nuestro corazón. Por eso Dios nunca la usa, y Satanás siempre lo hace. ¿Cuán diferentes serían nuestras familias e iglesias si, como Dios, creyéramos que es la bondad, no la vergüenza, lo que cambia el corazón de las personas?

Jesús siempre está más preocupado por tu próximo paso, que por tu paso en falso.

Podemos ver esto en los israelitas. A pesar de que siempre fueron un pueblo obstinado y rebelde, que querían volver a Egipto, Dios nunca dejó de atraerlos con su gracia:

> Tú, con todo, por tus muchas misericordias no los abandonaste en el desierto. La columna de nube no se apartó de ellos de día, para guiarlos por el camino, ni de noche la columna de fuego, para alumbrarles el camino por el cual habían de ir. Y enviaste tu buen Espíritu para enseñarles, y no retiraste tu maná de su boca, y agua les diste para su sed. Los sustentaste cuarenta años en el desierto; de ninguna cosa tuvieron necesidad; sus vestidos no se envejecieron, ni se hincharon sus pies (Nehemías 9:19-21).

A pesar de las fallas de los israelitas, la nube los continuó supliendo, protegiendo y guiando. Dios no los guio porque ellos fueran buenos, sino porque Él era bueno. La nube fue el favor inmerecido de la gracia que abrió las puertas de sus corazones para recibir la verdad que los haría libres.

Hay esperanza para nuestros corazones obstinados.

Acordarte de olvidar

Estoy seguro de que cuando Pedro llegó a la orilla, todavía estaba un poco indeciso. Después de todo, había negado a Jesús, pero Jesús invitó amablemente a Pedro a comer. Satisfizo las necesidades de Pedro, al satisfacer su hambre y su sed, porque solo en su presencia experimentamos verdadera satisfacción. Y cuando Jesús y Pedro compartieron esa comida juntos, Jesús estaba demostrando lo que declaró en la cruz: "Consumado es" (Juan 19:30). Estaba demostrando que ya no hay distancia entre Dios y el hombre. Ya no hay vergüenza que nos separe. Ya no hay separación entre Él y nosotros. Jesús estaba demostrando que Él estaba siendo "propicio a sus injusticias, y nunca más [se acordaría] de sus pecados" (Hebreos 8:12). Y que "[no] nos ha pagado conforme a nuestros pecados... Cuanto está lejos el oriente del occidente, hizo alejar de nosotros nuestras rebeliones" (Salmos 103:10, 12).

Como verás, los pecados que tú no puedes olvidar son los que Dios parece no poder recordar. Los errores, las faltas y los fracasos que no puedes sacar de tu mente son los que Dios no puede recordar. Ese doloroso divorcio. Ese secreto que nadie conoce. Eso que hiciste cuando eras adolescente. Esas palabras que desearías no haber dicho. Las cosas que no puedes olvidar y por las que te defines son las que Él dice que no puede recordar. Tu pecado no puede superar al amor de Dios. Tienes que dejar de pagar lo que ya se ha pagado en su totalidad. A veces es necesario acordarte de olvidar.

Después que terminaron de comer, Jesús llevó a Pedro a dar un paseo, y le dijo tres veces: "Apacienta mis corderos" (Juan 21:17), una vez por cada una de las veces en que Pedro lo negó. Y en ese momento, lo restauró como líder del reino.

Ahora bien, ¿hubieras respondido a Pedro de esa manera? ¿Le confiarías tus ovejas al hombre que te acaba de fallar? ¿Tu reino? ¿Lo que más amas? Es probable que no, pero Jesús lo hizo, y lo sigue haciendo. Jesús siempre está más preocupado por tu próximo paso, que por tu paso en falso. Sí, Pedro falló, pero con Jesús ninguna falla es fatal ni definitiva. Siempre hay un próximo paso. Siempre hay una salida. No se trata de lo que hiciste, sino de lo que vas a hacer ahora.

Aunque a menudo damos pasos que no están en consonancia con la nube, la gracia de Dios nos persigue y nos vuelve a encarrilar. Ya sea con los israelitas, con Pedro o contigo, Dios usará nuestras fallas y tormentos para nuestro bien y para su gloria (Romanos 8:28; Génesis 50:20). Así que deja de concentrarte en todos los pasos que deberías o no deberías haber dado; responde humildemente a su amorosa corrección. Él promete que te devolverá los años, las oportunidades y la vida que el mundo te ha robado (Joel 2:25).

Jesús sabe que solo su bondad puede llevarnos a seguir la nube otra vez. Así que, como hizo con Pedro, viene a nosotros, restaura nuestra identidad y nuestra relación con Él y nos empodera con un propósito. Ese es el evangelio, ese es el corazón del Padre, y así es como la nube nos guía.

Lo que me gusta quizás más que cualquier otra cosa en esta historia es lo que Jesús no hizo. Me encanta lo que no dijo. En ninguna parte de esta historia hubo vergüenza o condena. Jesús no reprendió a Pedro con un discurso al estilo "esfuérzate más", "pórtate mejor" o "me lo debes". Jesús no estaba predicando un sermón despechado sobre un cajón de pesca, señalando con el dedo y juzgando. Jesús no hace todas las cosas que a menudo vemos en la iglesia. Él hace lo inesperado y muestra el amor de Dios, un hermoso recordatorio de que "ahora, pues, ninguna condenación hay para los que están en Cristo Jesús" (Romanos 8:1). Si pasamos más tiempo hablando de nuestras faltas que de su amor, algo anda mal. Ya no se trata de *nuestro* pecado, vergüenza y fracaso; ahora se trata de *su* perdón, libertad y amor. Su gracia es siempre mayor que nuestra falta.

Una sustancia pegajosa

Una noche, mientras nuestra familia se preparaba para irse a dormir, mi hijo Trey, que en ese momento tenía siete años, todavía estaba en la cocina preparando su almuerzo para la escuela. Yo estaba en nuestra habitación y, de la nada, escuché el sonido de cristales rotos provenientes de la cocina. Instantáneamente, supe que algo iba mal, así que salí corriendo para la cocina. Allí estaba mi hijo parado en medio de un desastre con sus ojos abiertos de par en par.

—¡Auxilio! —gritaba.

—¡Trey, no te muevas! —le dije—. De inmediato me puse los zapatos y lo saqué de la cocina para limpiarlo.

Con Jesús ninguna falla es fatal ni definitiva.

—¿Estás bien? —le pregunté.

—Sí, papá, lo siento mucho.

—Está bien, ve a jugar y trataré de limpiar todo esto —le dije.

Así que fui y miré el desastre. Lo que sucedió fue que al buscar en la alacena su refrigerio para el día siguiente, accidentalmente tiró un frasco de vidrio de jarabe de arce de casi cuatro litros y un frasco de vidrio de aceite de coco, que se estrellaron contra el suelo y se hicieron añicos. ¡Parecía que una bomba de jarabe de arce había estallado en nuestra cocina! (Ahora, la pregunta que surge aquí es "¿Por qué tener un envase de casi cuatro litros de jarabe de arce?". Es una buena pregunta, para la cual no tengo respuesta).

¿Cómo limpias eso? ¡Eran casi cuatro litros de *jarabe de arce*! Sinceramente, todavía no estoy seguro. Empecé a recogerlo en cubetas y llevarlo al garaje. Y me empecé a llenar de esa cosa. Se me metió en el pelo y en las orejas, en la ropa y en los bolsillos. Estaba en todas partes. Cada vez que caminaba de un lado a otro entre la cocina y el garaje, mis zapatos iban haciendo *plaf, plaf, plaf* por el pegajoso jarabe que se pegaba al piso de baldosas.

En uno de mis muchos viajes de regreso a la cocina, eché un vistazo hacia la otra habitación y vi a mi hijo que miraba una película, se reía y estaba pasando el mejor momento de su vida. Le hice una pequeña mala mirada mientras pasaba lentamente al son de *plaf, plaf, plaf*.

Sin embargo, cuando volví al desastre, se me iluminó la mente.

—¡Trey, ven aquí! —llamé a mi hijo.

Llegó corriendo de su habitación esperando algún castigo, por la mirada en sus ojos.

—¿Sabes cómo hiciste este desastre? —le pregunté.

—Sí, papá —respondió tímidamente.

—¿Y yo lo estoy limpiando mientras tú descansas, juegas y ríes?

—Sí, papá.

—Bueno, eso es exactamente lo que Jesús hace por nosotros. Hacemos un desastre que no podemos limpiar y, cuando lo invitamos a venir, Él lo limpia por nosotros mientras nosotros nos sentamos y descansamos.

Observé cómo se encendía la luz en el corazón de mi hijo acerca de la sencillez del evangelio.

Como verás, mi hijo no podría haber limpiado su desastre. Si lo hubiera intentado, se habría clavado fragmentos de vidrio en sus manos y habría terminado cubierto de jarabe de arce. Se le habría metido en el control remoto, en sus juguetes y en su almohada. Habríamos encontrado jarabe de arce en el auto y habría ido a parar hasta su escritorio en la escuela. No había manera de que pudiera haber limpiado su desastre.

Ese fue el problema de Pedro. Había hecho un desastre que no podía limpiar. Estaba cubierto de vergüenza y no podía quitársela. Si no hubiera dejado que Jesús lo limpiara, todo lo que hubiera tocado a partir de ese momento habría quedado con un residuo de vergüenza. Cada relación, cada actividad, todos los lugares a los que iba y todo lo que hacía hubiera quedado impregnado de ese desastre. Debido a que el desastre estaba en él, se habría metido en toda su vida.

Lo mismo sucede con nosotros. Hacemos un desastre que no podemos limpiar. Y, si no dejamos que Jesús nos limpie, todo lo que tocamos quedará impregnado del pecado y la vergüenza. Afecta a nuestros trabajos, relaciones, matrimonios, hijos, actividades, pasatiempos, finanzas, propósitos, vida en la iglesia, etc. ¿Por qué? Porque el desastre está en nuestro corazón, de modo que todo lo que tocamos queda afectado. A veces nos preguntamos: *¿Por qué mis finanzas siempre son un desastre? ¿Por qué mi matrimonio siempre es un desastre? ¿Por qué mi vida siempre es un desastre?* Es porque hay un desastre en nuestro corazón.

Sin embargo, cada vez que clamamos: "Auxilio", Jesús viene a hacer por nosotros lo que nunca podríamos hacer por nosotros mismos: "Al que no conoció pecado, por nosotros lo hizo pecado, para que nosotros fuésemos hechos justicia de Dios en él" (2 Corintios 5:21). En otras palabras, Jesús se ensució para que nosotros pudiéramos estar limpios. Él llevó nuestro desastre sobre sí mismo. Fue condenado para que nosotros no tuviéramos que serlo. La ira de Dios se derramó sobre Jesús para que el amor de Dios pudiera derramarse sobre nosotros. Y es en los momentos cuando más fallamos cuando más vemos su amor. Es en esos momentos cuando volcamos los frascos de jarabe de arce: cuando abandonamos a nuestro cónyuge, cuando hacemos esas cosas que juramos que nunca haríamos, cuando cometemos esos errores (otra vez) o cuando nuestro corazón está en tinieblas, es cuando su bondad inunda nuestras vidas.

La verdad es que Juan 21 es nuestra historia. Al igual que Pedro, fallamos y nos pasamos la vida tratando de ocultar nuestros desastres. Pedro se escondió en una barca de pesca. ¿Dónde te escondes tú? No importa dónde sea, Jesús resucitado viene caminando por la orilla de tu vida y no dice: "Oye, pecador/perdedor/fracasado/farsante". No te llama por todos los nombres que el canto del gallo te ha puesto. Ni siquiera te llama por los nombres que tú te pones a ti mismo.

—Oye, *amigo* —te dice—. ¿Has pescado algo?

En esencia, te está preguntando: "¿Has encontrado lo que buscas?".

—No —le respondemos.

—Entonces, echa tu red a la derecha de la barca —nos dice.

Y Él nos colma de su bondad, nos atrae a su presencia, nos empodera con un propósito y redime la vida que Dios diseñó para nosotros. La nube nos saca de nuestras faltas para descubrir quiénes somos realmente.

Sigue la nube: Vive libre

Todos somos bastante buenos para escondernos. ¿En qué dos áreas de tu vida te estás escondiendo en este momento? ¿Por qué te escondes? ¿Cómo está tratando la bondad de Dios de sacarte de tu escondite favorito?

Todos cometemos errores y hacemos desastres en nuestras vidas. ¿Cuál es tu desastre actual que te lleva a gritar: "Jesús, ayúdame"? ¿Estás tratando de limpiarlo tú solo o estás invitando a Jesús a tu vida? ¿Cómo esperas que responda a tu pedido de auxilio? ¿Por qué crees eso?

5

CONVERTIRNOS EN LO QUE YA SOMOS

Una mañana hace varios años, camino a la escuela, mi hija de cinco años, Emma Joy, llevaba consigo su muñeca favorita, Isabelle.

—Oye, cariño, ¿cómo está *Samanta* hoy? —le dije en broma.

—Papá, se llama Isabelle, no Samanta.

—¿Samanta está lista para un buen día? —dije unos minutos más tarde.

—Papá, no se llama Samanta —respondió Emma molesta.

—Oye, ¿Samanta tiene su mochila para la escuela? —dije una vez más, aunque sé que estaba siendo insistente.

Y, desde el asiento trasero de mi camioneta, escuché un bramido gigante de esa pequeña niña.

—¡Papi, no se llama Samanta, se llama Isabelle! ¡Es mi muñeca! ¡Es mía, y solo yo puedo decir quién es! ¡Se llama Isabelle! —gritó esa pequeña niña.

Nunca he vuelto a llamar *Samanta* a Isabelle.

Ese día, la fe infantil de mi pequeña hizo eco de una verdad profunda en mí: quienquiera que te posea te definirá. Mientras conducía a casa después de dejarla junto a su muñeca Isabelle, seguí pensando en esas palabras. *Eres mío. Me perteneces. Y solo yo puedo decir quién eres.*

¿Puedo hacerte una pregunta muy sencilla? ¿Quién o qué puede decir quién eres? Dicho de otra manera, ¿de dónde viene tu identidad? Tal vez sea por cómo tu padre te llamaba cuando eras niño. Tal vez sea por lo que tu ex ha dicho sobre ti. Tal vez sea por el puesto de trabajo que tanto te ha costado conseguir. Tal vez tu identidad provenga de donde has estado, lo que has hecho, las posesiones que tienes, los premios que has ganado, los errores que has cometido o las dificultades que has soportado. Aunque todas esas cosas pueden haberte moldeado de alguna manera, no te definen. Y si te definen es porque tú se lo has permitido.

Me encanta lo que Dios le dice a Jeremías:

> Antes que te formase en el vientre te conocí, y antes que nacieses te santifiqué, *te di por profeta a las naciones*. Y yo dije: ¡Ah! ¡Ah, Señor Jehová! He aquí, no sé hablar, porque soy niño. Y me dijo Jehová: *No digas: Soy un niño*; porque a todo lo que te envíe irás tú, y dirás todo lo que te mande. No temas delante de ellos, porque contigo estoy para librarte, dice Jehová (Jeremías 1:5-8).

Quienquiera que te posea te definirá.

Dios nos dice lo que Dios le dijo a Jeremías: *Oye, yo te formé, te conozco, te santifiqué y te designé. Eres mío, así que solo yo puedo decir quién eres*. Dios nos está recordando que solo su voz tiene la autoridad para declarar nuestra identidad. No eres quien *ellos* dicen que eres. Ni siquiera eres quien *tú* dices ser. Eres quien *Él* dice que eres. En otras palabras, cuando Dios te diga quién eres, no le digas quién no eres. Cuando Dios te llama profeta, no te llames niño. Cuando Dios te llama amado, no digas que eres despreciable. Cuando Dios dice que eres fuerte, no dejes que nadie diga que eres débil. Si Él te llama victorioso, no dejes que nadie te diga que estás vencido. Si Dios declara que está complacido contigo, no digas que eres una decepción. Tal vez sea hora de empezar a estar de acuerdo con lo que ha declarado el Autor de la Verdad. Quienquiera que te posea te definirá.

Hay un bramido continuo, que desde el cielo declara: "*Eres mío. Me perteneces. Y solo yo puedo decir quién eres*". ¿Puedes oírlo?

Restaurado

Con demasiada frecuencia, ignoramos el bramido y permitimos que algo más nos defina. De hecho, la identidad arruinada es la plaga de la humanidad. Cuando Adán pecó, no solo hizo que nos echaran del huerto, sino que arruinó nuestra identidad. Nos hizo culpables y también nos hizo avergonzarnos. Nos perdimos quienes *éramos*, y ahora nos pasamos la vida tratando de descubrir, definir y ocultar la verdad de quienes *somos*.

Adondequiera que miremos, vemos personas que luchan por encontrar su identidad: el adicto al trabajo que nunca está en casa, el estudiante que se queda dormido, la víctima que nunca se va, la mujer obsesionada con su apariencia. Muchos de los comportamientos que nos confunden, o juzgamos en los demás, en realidad son solo los restos de una identidad perdida.

Sin embargo, lo que Adán perdió, Jesús vino a restaurarlo.

"Porque así como por la desobediencia de un hombre los muchos fueron constituidos pecadores, así también por la obediencia de uno, los muchos serán constituidos justos" (Romanos 5:19). La desobediencia de Adán cambió nuestra identidad y nos hizo pecadores. Sus acciones nos atraparon en una prisión de pecado de la que no podíamos salir. En Adán, no somos pecadores porque pecamos; pecamos porque somos pecadores. Pecadores no es lo que hicimos, sino lo que éramos.

Ahora bien, por la obediencia de Jesús, hemos sido constituidos justos. Su acción, no la nuestra, nos rescató de la prisión del pecado y nos liberó en su justicia. *Justicia* es una palabra extraordinaria que significa estar bien con Dios. Significa que hemos sido completamente restaurados. Jesús nos limpió del pecado, sanó nuestro quebranto y nos devolvió nuestro propósito. Cambió nuestra identidad. En Jesús, ya no somos definidos como pecadores; *somos justos*.

De hecho, no existe tal cosa como un pecador justo. No se puede ser justo y pecador al mismo tiempo, porque nadie puede tener dos identidades. Eres justo o pecador. Estás bajo la redención de Jesús o continúas bajo la maldición de Adán. O eres una nueva criatura o no lo eres (ver 2 Corintios 5:17). No hay término medio. Entonces, cuando Dios declara que eres justo, no le digas que eres un pecador. Quienquiera que creas que eres determinará cómo vives. Si crees que eres un pecador, entonces por fe vivirás una vida de pecado; pero si crees que eres justo, entonces por fe vivirás una vida recta. La identidad determina el comportamiento, porque haces lo que eres.

La gracia lo cambia todo

Es interesante ver cuánto nos resistimos a esta verdad. Si somos sinceros, a menudo esto va más allá de nuestra zona de comodidad cristiana. Recuerdo haberme encontrado con un hombre (llamémoslo Guillermo), que se iba de nuestra iglesia porque decía que yo no predicaba lo suficiente sobre el pecado. Estaba cansado de escuchar acerca de la vida de resurrección. Me dijo acaloradamente: "Soy un pecador y quiero que me lo recuerden cada semana para no dejar de seguir a Jesús". Lamentablemente, creía que escuchar acerca de su pecado, y no acerca del perdón de Dios, le daría fuerzas para seguir a Jesús. Y, aunque la condena puede conducir a una modificación momentánea del comportamiento, produce un endurecimiento prolongado de nuestro corazón.

Solo piensa en esto por un momento. ¿Alguien que tiene un problema con el alcohol deja de beber porque lo llaman alcohólico? ¿Una persona que lucha con la mentira comienza a decir la verdad porque la avergonzaron diciendo que era mentirosa? ¿Alguien que es adicto a la pornografía deja de mirar la pantalla por condenación? No. Eso solo refuerza una identidad falsa.

Cambiamos al recibir la gracia de Dios. Jesús nos dice lo que le dijo a la mujer sorprendida en adulterio: "Ni yo te condeno; vete, y no peques más" (Juan 8:11). El pecado pierde su poder cuando nos damos cuenta de que ya no nos define. Como muchos de nosotros, Guillermo había malinterpretado el evangelio. Tenía una visión falsa de su identidad y encontraba consuelo en dejarse definir por sus errores. Estaba permitiendo que su pecado tuviera más autoridad sobre su vida que la cruz y la resurrección. Sin embargo, la verdad es que, en Jesús, ya *no es un pecador; es justo*. Sí, Guillermo aún podría pecar y mucho; pero, así como sus buenas obras no pudieron cambiar su identidad y hacerlo justo (ver Efesios 2:8-9), sus errores tampoco pueden cambiar su identidad y convertirlo en un pecador.

Aunque la condena puede conducir a una modificación momentánea del comportamiento, produce un endurecimiento prolongado de nuestro corazón.

Lamentablemente, muchos de nosotros vivimos atrapados en este patrón de pensamiento. Suena muy espiritual definirnos como pecadores apenas salvos por gracia. Si se diera un puntaje religioso a quienes viven con una perspectiva de autodegradación, algunos de nosotros tendríamos la categoría de platino. Tenemos una actitud pesimista, y a menudo caminamos murmurando: "Y bueno, supongo que siempre seré un pecador". Si bien podría parecer piadoso, el problema es que para eso no se necesita fe. Sé que tenemos buenas intenciones y queremos agradar a Dios, pero necesitamos tener una mejor autoestima. Sí, *éramos* pecadores, y aún podríamos seguir luchando con el pecado, pero *hemos sido* salvos por gracia, lo que significa que ahora *somos* justos.

¿No crees que Dios se complace cuando nos llamamos a nosotros mismos "sus hijos e hijas amados" en lugar de "pecadores sin ningún valor"? ¿No es más honroso creer que somos completamente perdonados a pesar de ser conscientes de nuestras faltas actuales? ¿No se necesita más fe para creer que ahora somos definidos por lo que *Jesús hizo* en lugar de por lo que nosotros *hacemos*? La humildad no significa menospreciarnos a nosotros mismos, sino estar de acuerdo con lo que Dios dice que somos.

¿No se necesita más fe para creer que ahora somos definidos por lo que *Jesús hizo* en lugar de por lo que nosotros *hacemos*?

Recuerda que "sin fe es imposible agradar a Dios" (Hebreos 11:6). Entonces, si realmente queremos agradar a Dios, debemos comenzar por creer lo que Él ha dicho acerca de quiénes somos en Jesús. Se necesita fe para creer que somos quienes Él dice que somos, especialmente cuando eso contradice cómo nos sentimos, pero la verdad de Dios es siempre superior a nuestros sentimientos. Sí, todavía pecamos, pero nuestras faltas ya no definen quienes somos. "El pecado ya no es más su amo, porque ustedes ya no viven bajo las exigencias de la ley. En cambio, viven en la libertad de la gracia de Dios" (Romanos 6:14, NTV). Puesto que el pecado ya no es nuestro amo, ya no puede definirnos. Somos más que pecadores salvos por gracia; somos hijos e hijas amados.

Sentirse culpable

No sé tú, pero yo crecí en lo que llamo una "iglesia centrada en el pecado". Cuando digo "iglesia centrada en el pecado", me refiero a una iglesia que tiene más fe en el poder del pecado, que en el poder de Jesús. Una iglesia que está más centrada en lo que tenemos que hacer por Él, que en lo que Él ha hecho por nosotros. Una iglesia que vive del lado equivocado de la cruz. Así que siempre que salía de la iglesia me sentía culpable. Sin embargo, si salimos de la iglesia y nos sentimos peor que cuando llegamos, algo anda mal, porque el reino es "justicia, paz y gozo" (Romanos 14:17). Y, aunque la gente allí me amaba y tenía buenas intenciones, algo de su énfasis estaba fuera de lugar. Lamentablemente, creo que hay muchas iglesias como esta.

Todo, desde los mensajes hasta las conversaciones, desde los franelógrafos hasta los himnos, se hacía en torno al poder del pecado y el fracaso del hombre. Era un recordatorio continuo de que éramos pecadores apenas salvos por gracia, que sirven a un Dios enojado. Debo de haber sido "salvado" al menos mil veces. Cada vez que había un llamado al altar, respondía porque estaba aterrorizado de que sucediera el rapto y me quedara. Crecí con la creencia de que podía perder la comunión con Dios, que Él estaba decepcionado de mí y que me iba a "regañar" cuando me equivocara. Estoy seguro de que había algo de esperanza intercalada allí, pero todo lo que puedo recordar es la advertencia continua de que yo era un pecador. Eso es lo que yo era. Eso es lo que siempre sería. Fue el refuerzo constante de una identidad falsa lo que creó una vida de esfuerzo por conseguir las cosas. Creía en Jesús, pero aún pensaba que mi comportamiento determinaba quién era yo. Y esa es una manera de vivir que nos deja exhaustos.

Tristemente, todo ese discurso sobre el pecado no cambió mucho mi comportamiento. Solo me hacía sentir distante de Dios. Como era de esperar, crecí con una visión bastante distorsionada de quién es Dios *realmente* y quién soy yo *realmente.*

Tal vez puedas identificarte conmigo.

El problema con este tipo de pensamiento es que te deja atrapado sin esperanza. Y, aunque suene bien, te mantiene esclavizado a un enemigo ya derrotado. Si la vida solo consta de controlar el pecado, ¿cómo puedes vivir en la libertad del amor de Dios? ¿Cómo sigues a un Dios que crees que siempre está decepcionado de ti? No estoy seguro de que realmente puedas. De hecho, si el control del pecado es el centro de nuestras vidas, corremos el peligro de vivir una vida drásticamente inferior a la que Jesús nos ofrece.

Comenzar por el final

Déjame tratar de explicarte esto de la forma como desearía que alguien me lo hubiera explicado a mí.

Cuando Jesús exhaló su último aliento en la cruz, pronunció las palabras más significativas de todos los tiempos: ¡*Consumado es*! Terminado. Completo. Hecho. No queda nada más por hacer. No más separación. No más vergüenza. Y no más esfuerzo. Nuestra identidad ha sido establecida. *Comenzamos por donde Él terminó*. Dios ha hecho todo lo posible para ayudarnos a creer que comenzamos a seguir la nube desde donde Jesús la dejó.

Bajo el antiguo pacto, o la Ley, Dios básicamente dijo: "Si me obedeces, yo te bendeciré". Si hacías lo correcto, tendrías el favor de Dios. Era una aceptación condicional, y el énfasis era tu comportamiento. Basta con mirar los Diez Mandamientos. No *cometerás* adulterio. No *matarás*. No *robarás*... El énfasis estaba en ti y en tu esfuerzo. Tenías que ganarte el favor de Dios.

Muchos de nosotros todavía vivimos así, a menudo de manera inconsciente, y decimos cosas como: *Si yo* ___________, *entonces Él* ___________. *Si voy a la iglesia, entonces tal vez me ayude a obtener ese ascenso. Si le doy algo de dinero, tal vez sane a mi ser querido. Si sirvo a alguien, quizás restaure mi matrimonio.* O, por miedo, hacemos lo contrario. *Será mejor que no peque esta semana para que me ayude a pasar esa prueba, conseguir ese trabajo o recibir un buen diagnóstico médico*. El pensamiento del antiguo pacto nos deja en un estado constante de preguntarnos qué representa Dios para nosotros. Y si tú luchas como yo, entenderás que estas no son buenas noticias.

Sin embargo, bajo el nuevo pacto, o la gracia, Dios dice: "Por lo que yo he hecho, te bendeciré". El énfasis ya no está en lo que nosotros tenemos que hacer, sino en lo que Jesús ha hecho. Su obra consumada ha desatado el infinito favor de Dios en nuestras vidas. Vivimos de su esfuerzo, no del nuestro. "La justicia de Dios [es] por medio de la fe en Jesucristo, para todos los que creen en él" (Romanos 3:22). En lugar de tener que ganarnos algo, ahora recibimos. La gracia ofrece lo que exige la Ley. Jesús cumplió todo lo que alguna vez se nos ha requerido o se nos requerirá. No quedan sacrificios que ofrecer. Todo lo que tenemos que hacer es, por fe, creer que Él es quien dice ser e hizo lo que dijo que hizo. Ya no es *lo que tú harás*, sino *lo que Él hizo*.

Dios dice que ahora estamos sentados con Él porque descansamos en la obra consumada de Jesús. "Dios, que es rico en misericordia, por su gran amor con que nos amó, aun estando nosotros muertos en pecados, nos dio vida juntamente con Cristo (por gracia sois salvos), y juntamente con él nos resucitó, y asimismo nos hizo sentar en los lugares celestiales con Cristo Jesús" (Efesios 2:4-6).

¿Entendiste eso? Estamos sentados porque no queda trabajo por hacer. Disfrutamos del fruto de su trabajo. No hay nada que probar. No hay nada que agregar. No hay nada que ganarse. Ya es tuyo. El reino celestial no es nuestro destino; es nuestro lugar de partida.

La religión pone cargas sobre nosotros; Jesús nos quita las cargas de encima. En lugar de una "iglesia centrada en el pecado", tal vez necesitemos una "iglesia centrada en Jesús". No le quitemos lo *bueno* a las buenas noticias. Nuestra falta de voluntad para recibir la plenitud de la salvación nos ha costado muy caro. Jesús dijo "Consumado es", no dijo "Estoy trabajando en eso". Su meta es nuestro punto de partida. Cuanto más creemos que ya hemos sido totalmente perdonados, más nos atrae dar con valentía cada paso que Él nos señala.

Quitar y reemplazar

A medida que hemos aprendido a aceptar la obra consumada de Jesús en Valley Creek, hemos comenzado a descubrir la simple verdad de que la identidad siempre determina el comportamiento. Quién eres determina lo que haces. Los peces nadan, los pájaros vuelan, las vacas mugen, los perros ladran, los pecadores pecan y los justos viven rectamente. Me encanta lo sencillo y profundo que es este concepto. Nuestro comportamiento es siempre un resultado directo de lo que creemos que somos. Por eso, un niño pequeño, que cree que es un superhéroe, actúa como si tuviera superpoderes, corre disfrazado y está convencido de que puede hacer hazañas imposibles. Por eso, una niña pequeña, que cree que es una princesa, actúa como si fuera de la realeza, organiza fiestas de té y espera que todos obedezcan sus órdenes. Quienes creemos que somos determina lo que hacemos.

Así que, si quieres saber quién crees que eres, solo observa tu comportamiento. Es un reflejo directo de lo que realmente crees sobre ti mismo. Por ejemplo, si estás constantemente tratando de cumplir expectativas, tal vez sea porque crees que no tienes ningún mérito. Si estás constantemente complaciendo a los demás, tal vez sea porque crees que no eres digno de que te amen. Si siempre estás ocupado, tal vez sea porque te crees poco valioso. ¿Qué revela tu comportamiento acerca de quién crees ser?

> La identidad siempre determina el comportamiento.

Entender mal tu identidad, al final, robará tu propósito y truncará tu destino. Basta con mirar a los israelitas. En lugar de verse como hijos empoderados de Dios, tenían una mala opinión de sí mismos y se veían como langostas insignificantes. "La tierra por donde pasamos para reconocerla, es tierra que traga a sus moradores; y todo el pueblo que vimos en medio de ella son hombres de grande estatura… y *éramos nosotros, a nuestro parecer, como langostas*; y así les parecíamos a ellos… Designemos un capitán, y volvámonos a Egipto" (Números 13:32-33; 14:4). Las langostas no luchan contra los gigantes, pero los hijos de Dios sí. Los israelitas se dejaron definir por su perspectiva, no por la de Dios, y les costó todo: cuarenta años de vagar por el desierto. Lamentablemente, el pensamiento incorrecto nunca conducirá a una vida correcta. Y es imposible tener una gran fe con una pequeña identidad.

Así que tal vez necesitemos cambiar de perspectiva.

Si bien el cristianismo se centra a menudo en la modificación del comportamiento, Dios se centra en la declaración de la identidad. Él sabe que quien crees que eres determinará lo que hagas. La raíz incorrecta nunca producirá el fruto correcto. Así que, mientras nosotros tratamos de cambiar la forma en que la gente *se comporta*, Dios trata de cambiar lo que la gente *cree*.

> El arrepentimiento te hace libre para que te conviertas en quien ya eres en Jesús.

Por eso, el mensaje principal de Jesús fue "Arrepentíos, porque el reino de los cielos se ha acercado" (Mateo 4:17). La palabra *arrepentirse* significa, literalmente, cambiar de opinión. Jesús estaba diciendo: "Cambia tu forma de pensar porque hay una realidad superior". En otras palabras, si quieres cambiar tu forma de vivir, debes estar de acuerdo con quién dice Él que eres ahora. Él quiere que te arrepientas para que puedas eliminar las mentiras y reemplazarlas con su verdad; estar de acuerdo con lo que Él ha dicho, independientemente de cómo te sientas. El arrepentimiento te hace libre para que te conviertas en quien ya eres en Jesús.

Un gran descubrimiento

Un gran ejemplo de esto es la historia de Gedeón. "¡Guerrero valiente, el Señor está contigo!" (Jueces 6:12, NTV). Estoy seguro de que esas palabras conmovieron a Gedeón. Nadie se había referido a él nunca como guerrero valiente, tal vez solo como un gran perdedor. Gedeón se definió por su debilidad. "¡Mi clan es el más débil... y yo soy el de menor importancia en mi familia!" (v. 15, NTV). Así pasó su vida, escondido, trillando trigo en un lagar.

Ahora bien, no sé mucho sobre el trigo, pero estoy bastante seguro de que no se trilla en un lagar. Es un gran recordatorio de que, cuando no sabemos quiénes somos, siempre pasaremos nuestra vida haciendo las cosas mal. No obstante, a pesar de que Gedeón estaba en su escondite favorito, Dios lo encontró y lo llamó guerrero valiente. En el momento en que Dios habló, se estableció la identidad de Gedeón, porque quienquiera que te posea puede definirte. "Ve con esta tu fuerza, y salvarás a Israel de la mano de los madianitas. ¿No te envío yo?" (v. 14). Dios declaró la identidad de Gedeón y luego le ordenó dar su próximo paso para que la descubriera. Dios no necesitaba a Gedeón para derrotar a los madianitas; Gedeón necesitaba dar ese paso para descubrir quién era él. Al seguir a Dios se convertiría en quien Dios dijo que ya era. Aunque estaba lleno de miedo, Gedeón dio su próximo paso, destruyó a los madianitas y descubrió que había creído una mentira sobre su identidad. Nunca fue *el de menor importancia*; siempre había sido un *guerrero valiente*.

Durante los últimos años he visto a casi todos los miembros de nuestro equipo pasar por un proceso similar donde descubrieron su verdadera identidad. Becca, por ejemplo, tenía una excelente carrera como ejecutiva de una aerolínea, hasta que un día la nube comenzó a moverse. Al igual que Gedeón, ella había estado trillando trigo en un lagar tratando de usar el éxito para definir cuánto valía. Sin embargo, Dios tenía mejores planes para ella. Y así la invitó a dar su próximo paso y convertirse en maestra de la guardería infantil de una iglesia. ¡Qué cambio! De las salas de juntas a los salones de niños. De las mesas de reuniones a los cambiadores de pañales.

Al principio ella racionalizó el paso dado y creyó que estaba haciendo algo grande para Dios, pero a medida que se desarrollaba el proceso, se dio cuenta de que Dios estaba haciendo algo grandioso en ella. Con cada paso siguiente, la estaba ayudando a descubrir quién había sido siempre. Le estaba dando una revelación de su identidad que nunca antes había tenido: su amada hija que no tenía nada que demostrar, nada que ganarse y nada que lograr. Era libre de vivir fiel a su corazón. La verdad de Dios reemplazó las mentiras que definían su identidad. Ya no se definía por su título, sus logros, sus victorias o fracasos, sino por el amor de Dios. Comenzó a convertirse en lo que ya era, un descubrimiento que no podría haber hecho por sí misma; un descubrimiento que tú tampoco puedes hacer por ti mismo.

El mismo Dios que llamó "guerrero valiente" al miedoso Gedeón; "padre" a Abraham que no tenía hijos; y "roca" al inestable Pedro, te llama como aquel que eres y luego te muestra tu próximo paso para que puedas descubrirlo por ti mismo.

Los pasos a dar no son expectativas que cumplir, sino descubrimientos por hacer.

Recuerda que, en Jesús, tu identidad ya ha sido establecida. No hay nada que puedas hacer para agregarle o quitarle algo. Lo único que puedes hacer es descubrirla. Por eso damos cada paso y seguimos la nube. Nuestra motivación para seguir a Dios no es para obtener algo de Él, sino para descubrir la plenitud de lo que ya tenemos en Él. Recuerda que somos atraídos por la gracia, no impulsados por las expectativas. No damos nuestro próximo paso para *convertirnos* en alguien, sino porque *somos* alguien. No obedecemos a Dios para *ganarnos* su favor, sino porque *tenemos* su favor. No seguimos la nube para *encontrar* sentido a nuestra vida, sino porque nuestra vida *tiene* sentido. Cada paso siguiente nos ayuda a descubrir más lo que ya somos. Y, si rehusamos dar ese paso, Dios no se decepcionará de nosotros, no perderemos la comunión con Él ni nos "regañará". Solo que no descubriremos la verdadera versión de nosotros mismos.

Eso nos lleva nuevamente a los israelitas. Dios los sacó de Egipto, pero necesitaba sacar a Egipto de ellos. Eran hijos de Dios, pero todavía vivían como esclavos. De modo que, dondequiera que la nube los condujera, estaba diseñado para exponer su antigua forma de pensar y ayudarlos a descubrir más de su nueva identidad. Ya fuera que se tratara del agua de la roca, el maná del cielo, el día de reposo o las batallas que debían pelear, cada paso que daban era una oportunidad para cambiar su forma de pensar y descubrir quiénes ya eran. Por eso, Dios siempre les recordaba: "Yo Jehová vuestro Dios, que os saqué de la tierra de Egipto, para que no fueseis sus siervos, y rompí las coyundas de vuestro yugo, y os he hecho andar con el rostro erguido" (Levítico 26:13). Les señalaba su salvación para recordarles que ya había establecido su identidad. Todo lo que tenían que hacer era creerlo.

> No damos nuestro próximo paso para *convertirnos* en alguien, sino porque *somos* alguien. No obedecemos a Dios para *ganarnos* su favor, sino porque *tenemos* su favor. No seguimos la nube para *encontrar* sentido a nuestra vida, sino porque nuestra vida *tiene* sentido.

Lo mismo sucede con nosotros. El Espíritu Santo siempre nos está señalando la obra consumada de la cruz para recordarnos que Él ya ha establecido nuestra identidad. El problema es que nuestra antigua identidad ha programado nuestro pensamiento. En Jesús somos justos, pero aún pensamos como pecadores. A veces, los viejos hábitos son difíciles de abandonar.

Así que, con cada paso que Dios te pide que des, está reprogramando tu forma de pensar y ayudándote a descubrir más de lo que ya eres. Ya sea renunciar a algo, servir a alguien, hacer algo que parece imposible o levantar las manos en adoración, cada paso te ayuda a descubrir tu verdadera identidad.

Te conviertes en quien ya eres cuando sigues por fe. Con cada paso que das, comienzas a descubrir que en Jesús:

- *Ya eres amado, lo que significa que no tienes nada que temer.*
- *Ya estás perdonado, lo que significa que no tienes ninguna deuda que pagar.*
- *Ya eres su obra maestra, lo que significa que eres valioso.*
- *Ya eres libre, lo que significa que nada puede detenerte.*
- *Ya eres aceptado, lo que significa que no tienes nada que demostrar.*
- *Ya eres su hijo o hija amado, ¡lo que significa que estás vivo!*

El bramido del cielo dice: "*Eres mío. Me perteneces. Y solo yo puedo decir quién eres*".

Guerrero valiente, es hora de convertirte en quien ya eres.

Sigue la nube: Vive libre

Reto: Escribe un texto breve sobre tu identidad. Más específicamente, escribe quién eres en 140 caracteres o menos.

Ahora lee atentamente lo que escribiste ¿De qué manera has permitido que las voces de este mundo, la vergüenza de tu pasado o tus logros definan quién crees ser?

El arrepentimiento es el proceso de cambiar tu forma de pensar y ponerte de acuerdo con Dios. ¿En qué necesitas arrepentirte con respecto a tu identidad? ¿Qué mentiras necesitas quitar y reemplazar con la verdad de Dios?

Tómate un momento y pregúntale al Espíritu Santo quién dice que eres. Escribe esas declaraciones sobre tu identidad en la pantalla de inicio de tu teléfono o en notas adhesivas sobre el espejo de tu baño. Decláralas todos los días durante un mes.

6

HIJOS E HIJAS AMADOS

Hay un cartel de madera tallada que cuelga sobre el escritorio de mi oficina, que dice: "Hijo amado". Es un recordatorio constante de quién soy. Cada vez que me siento allí, permito que esa verdad me inunde, porque no quiero volver a ser como antes.

Ese letrero es tan significativo para mí porque solía tener otro letrero tallado en la puerta de mi corazón, que decía: "Nadie me quiere por quien soy; me quieren por lo que puedo hacer". Es triste admitirlo, pero esa fue la mentira que creí la mayor parte de mi vida. Era una mentira que desconocía por completo, pero que definía casi todos los aspectos de mi vida. Creía que mi valía provenía de lo que yo podía hacer, no de quién era yo. Y cada vez que crees una mentira le das autoridad al Mentiroso.

Durante años, sin saberlo, había empoderado al Mentiroso para que me esclavizara a una vida de cumplir expectativas. Me esforzaba por cumplir expectativas en la escuela, en el deporte lacrosse, en el trabajo, en mis relaciones, como pastor. Y lo logré. Gané campeonatos, coleccioné premios y obtuve grandes logros a temprana edad. Sin embargo, nada llenó las grietas de mi corazón. Usaba el éxito para ocultar mis inseguridades. Pensaba: *si me amas por lo que puedo hacer, tengo que seguir cumpliendo tus expectativas para que quieras estar conmigo*. Lamentablemente, el problema con cumplir las expectativas de otros es que te lleva a cumplir más expectativas. Cuanto más haces, más tienes que seguir haciendo. Y esa manera de vivir te deja exhausto.

A fin de cuentas, trataba de cumplir las expectativas de los demás porque, en el fondo, creía que tenía que cumplir las expectativas de Dios. Yo creía que Dios no me amaba por mí mismo, sino por lo que yo podía hacer, así que era un esclavo atrapado en mi propia vida. Quizás te identifiques conmigo.

La vida no se trata de cuánto logramos, sino de saber recibir.

Sin embargo, Jesús dijo: "Y conoceréis la verdad, y la verdad os hará libres" (Juan 8:32). La verdad es que Jesús no murió para que pudiéramos convertirnos en esclavos de Dios, sino para que pudiéramos convertirnos en hijos de Dios. Mientras que Satanás quiere esclavos, Dios quiere hijos e hijas. Y la diferencia entre los dos es que los esclavos hacen, mientras que los hijos reciben. Los esclavos tienen que hacer para demostrar su valía y mérito al mundo, pero los hijos reciben amor y reconocimiento de su Padre.

Lamentablemente, muchos de nosotros actuamos como esclavos sin darnos cuenta. Al igual que Marta, estamos ocupados preparando comidas que Jesús nunca ordenó (Lucas 10:38-42). Como el hermano mayor en la historia del hijo pródigo, tratamos de ganarnos un amor que ya es nuestro (Lucas 15:11-32). La religión nos pide que corramos más alto y saltemos más rápido (sí, que corramos más alto y saltemos más rápido, lo cual es imposible). Así que continuamos esforzándonos más, comportándonos mejor y haciendo más, todo en un intento de convertirnos en alguien, sin darnos cuenta de que hemos alterado el orden de los tres círculos del evangelio. Nos pasamos la vida esforzándonos por comportarnos bien para llegar a ser alguien; pero no importa cuánto logremos, nunca nos trae la satisfacción que estamos buscando. Es fácil tratar de encontrar nuestra valía en nuestro cuidado, belleza, éxito, estatus y títulos. No obstante, la vida no se trata de cuánto logramos, sino de saber recibir. "Mas a todos los que le recibieron, a los que creen en su nombre, les dio potestad de ser hechos hijos de Dios" (Juan 1:12).

Es hora de descubrir la mentira.

Porque Él es, yo soy

Me encantan los bautismos (siempre y cuando no esté bautizando a un hombre que mide dos metros). Son momentos decisivos en nuestras vidas. Me encanta ver a las personas contar su historia y, por fe, meterse al agua. A medida que se sumergen, su vieja vida desaparece y nacen a la vida nueva que tienen en Jesús.

Ojalá hubiera podido ver el bautismo de Jesús, ya que fue un momento decisivo para la humanidad. "Y Jesús, después que fue bautizado, subió luego del agua; y he aquí los cielos le fueron abiertos, y vio al Espíritu de Dios que descendía como paloma, y venía sobre él. Y hubo una voz de los cielos, que decía: Este es mi Hijo amado, en quien tengo complacencia" (Mateo 3:16-17). Cuando Jesús se bautizó, el Padre declaró su identidad porque solo el Padre tiene la autoridad para definir quiénes somos. El Padre dijo que Jesús era su Hijo amado, en quien tenía complacencia.

Ahora bien, piensa en esto por un minuto. Este fue el comienzo del ministerio de Jesús. Todavía no había hecho nada. No había sanado a ningún enfermo, ni echado fuera demonios, ni resucitado a nadie, ni realizado ningún milagro, ni logrado nada, pero el Padre estaba muy complacido con Él. El Padre no estaba complacido con Jesús por lo que hacía, sino por quién era. Y esta declaración fue la fuente de la seguridad de Jesús.

¿Te das cuenta de que, si ahora estamos "en Jesús", esto también es válido para nosotros? En 1 Juan 4:17 leemos: "Como él es, así somos nosotros en este mundo". Jesús no es una imagen de lo que puedo llegar a ser; es un espejo de lo que soy ahora. No es una imagen de lo que algún día puedo llegar a ser si me esfuerzo mucho; es un espejo de lo que ya soy y, cuanto más lo miro, más descubro quién soy ahora (ver 2 Corintios 3:18). No cambiamos por esforzarnos más; cambiamos al mirar a Jesús. Porque Él es, yo también lo soy. Porque Él es justo, yo también lo soy. Porque Él es amado, yo también lo soy. Porque Él es victorioso, yo también lo soy. *Como Él es, así somos nosotros.*

Así que, como Jesús, eres un hijo o hija amado del Padre, en quien Él tiene complacencia. Esto significa que antes que hagas algo, Él tiene complacencia en ti gracias a Jesús. No tienes que ganar con tu desempeño lo que ya has recibido por gracia. Tu corazón fue creado para necesitar la aprobación del Padre, y ya la tienes. ¿Cuán diferente sería nuestra vida si creyéramos que en Jesús ya somos personas aceptadas, amadas, valiosas y seguras?

Esta simple y profunda verdad es la razón por la que Jesús anduvo en completa libertad. Dondequiera que iba, el mundo trataba de definirlo. Lo llamaron Beelzebú (ver Marcos 3:22), engañador, loco y endemoniado, pero Jesús nunca se defendió. Ahora, solo te digo que, si me llamas Beelzebú, vamos a tener un intercambio de palabras; pero no Jesús. Nunca tuvo la necesidad de justificarse, convalidarse o demostrar quién era ante el mundo. ¿Por qué? Porque cuando el Padre te llama "hijo amado", nadie puede decirte que no lo eres. La seguridad viene del amor del Padre, y las personas seguras no tienen necesidad de cumplir las expectativas de nadie. No tienen nada que demostrar porque saben quiénes son, lo que significa que son libres de seguir la nube sin importar lo que piensen los demás.

El máximo seguidor de la nube

Si queremos saber cómo es seguir la nube, la vida de Jesús es un ejemplo mucho mejor que la vida de los israelitas. Jesús dice que solo hacía lo que veía hacer al Padre, iba a donde veía ir al Padre y decía lo que escuchaba decir al Padre. Vivía de la invitación del Padre, no de la respuesta de la gente. En otras palabras, fue el máximo seguidor de la nube. Creía en la bondad de su Padre y sabía que era un hijo amado. Y los hijos amados confían inherentemente en su Padre. Jesús sabía que la nube era atraída por el amor del Padre, no impulsada por cualquier viento repentino, por lo que daba cada paso que el Padre le indicaba.

La disposición de Jesús a recibir el amor del Padre le permitió seguir la nube a lugares a los que pocos de nosotros vamos y experimentar una vida que pocos de nosotros alguna vez experimentamos. Sabía que la vida se encontraba dondequiera que el Padre lo guiara, que el hogar no es un lugar por descubrir, sino un amor para recibir. Confiaba lo suficiente en el corazón del Padre para caminar en medio de la tormenta, tocar a un enfermo de lepra contagioso, abandonar a la multitud que quería hacerlo rey, nacer en un pesebre y entregarse a la cruz. Jesús entendía que solo en la total confianza encontramos total libertad.

A pesar de que la gente constantemente le exigía y esperaba cosas de Él, Jesús solo hacía lo que el Padre le pedía. No le atraía la alabanza del hombre, por eso no se dejó vencer por el rechazo del hombre. Jesús no necesitaba de la gente lo que ya tenía en el Padre. Él podía seguir la nube en cualquier situación y, si era recibido o rechazado, la seguía igual porque sabía que era amado y no tenía nada que demostrar.

Lamentablemente, muchos de nosotros no hemos comenzado a *seguir la nube* porque estamos demasiado ocupados *en seguir la multitud.* En lugar de vivir según la invitación del Padre, a menudo vivimos según la respuesta de las personas y tratamos de satisfacer sus demandas y expectativas, y de obtener su reconocimiento y aprobación. Sin embargo, si necesitas la alabanza del hombre, siempre serás vencido por el rechazo del hombre. Si necesitas que las personas te elogien, serás destruido cuando te critiquen; pero no necesitas recibir de las personas lo que ya tienes en el Padre. Esa es la libertad de ser un hijo o hija amado.

Muchos de nosotros no hemos comenzado a *seguir la nube* porque estamos demasiado ocupados en seguir *la multitud.*

¿Puedes imaginar por un momento a Jesús publicando selfis todo el tiempo? Podría haber tomado algunas fotos estupendas: *Aquí estoy yo caminando sobre el agua #quiennecesitaunabarca? Aquí estoy yo con Moisés y Elías #yoylosmuchachos. Aquí estoy yo resucitando a una niña #lologré.* Suena ridículo, ¿verdad? Jesús preservó con gozo su anonimato, porque no tenía necesidad de anunciarse al mundo. No necesitaba que a nadie le *gustara* su condición, porque *conocía* su condición. Jesús recibía seguridad en el lugar secreto con el Padre, no en el reconocimiento de la multitud. "Si yo doy testimonio acerca de mí mismo, mi testimonio no es verdadero. Otro es el que *da testimonio* acerca de mí, y *sé* que el testimonio que da de mí es verdadero" (Juan 5:31-32). Jesús dijo que el Padre daba testimonio de Él, y eso era suficiente. Vivía *de* la aprobación del Padre, no *para* esta.

Así que aquí hay algunas cosas que debes preguntarte: ¿Quién necesitas que dé testimonio de ti? ¿Tú mismo? ¿Tu jefe? ¿Tu cónyuge? ¿Tu industria? ¿Tus amigos? ¿Necesitas que otros digan que eres agradable, exitoso o genial? ¿Qué estás tratando de demostrar y a quién estás tratando de demostrárselo? Jesús ya te lo ha demostrado. En Él eres un hijo o hija amado del Padre, en quien tiene complacencia, y eso *es* suficiente. Cuando el Padre da testimonio de ti, nadie más tiene que hacerlo. Y fíjate que dice *da testimonio*, no *dio testimonio*, lo que significa que el Padre *continuamente* te está dando reconocimiento y aprobación. No malgastes tu vida tratando de que el mundo diga lo que el Padre ya ha dicho: *eres amado*.

Eres amado

Aparte de la salvación, esta revelación ha cambiado mi vida más que cualquier otra cosa. Cuando aprendí a aceptar esta verdad en mi vida, fui libre de muchos de los conflictos con los que he luchado desde la infancia. La verdad de Dios cambia nuestra forma de vivir, pero no ha sido fácil. He descubierto que cada vez que se declara nuestra identidad, siempre será probada. Tan solo mira a Jesús.

Cuando el Padre dijo: "Este es mi Hijo amado" (Mateo 3:17), el Espíritu lo llevó de inmediato al desierto, donde Satanás lo tentó: "Si eres Hijo de Dios, di que estas piedras se conviertan en pan" (Mateo 4:3). Tres veces Satanás tentó a Jesús para probar su identidad de diferentes maneras, pero fíjate que omitió la palabra más importante: *amado*. Eso no fue un simple descuido; fue un ataque estratégico. Satanás nunca te recordará que eres amado, porque el amor te hace valiente. "En el amor no hay temor, sino que el perfecto amor echa fuera el temor; porque el temor lleva en sí castigo. De donde el que teme, no ha sido perfeccionado en el amor" (1 Juan 4:18). El amor del Padre te hace libre; echa fuera tu temor y te llena de valor. El amor te da la esperanza y la fe para seguirlo.

Satanás nunca te recordará que eres amado, porque el amor te hace valiente.

A Satanás no le importa si sabes que eres un hijo o hija; le preocupa que sepas que eres un hijo o hija *amado*. Sabe que, si te recuerda que eres amado, no caerás en la tentación. Sabe que cuando crees que eres amado, no te escondes del Padre, sino que corres directamente a Él. Sabe que en el amor del Padre tienes todo lo que necesitas. Satanás no puede evitar que seas amado, pero hará todo lo posible para evitar que creas que lo eres.

Volver a casa

Una de las grandes mentiras de nuestra cultura es que la libertad se encuentra en la independencia. Hemos caído en la trampa de creer que la falta de autoridad nos haría completamente libres. Si pudiera hacer lo que quiero, cuando quiero y como quiero, entonces seré libre. Esa es la mentira que creyeron Adán y Eva. Creían que la libertad se encontraba en ser independientes en lugar de estar bajo el cuidado del Padre, por lo que cambiaron su condición de hijos por un estilo de vida huérfano. Satanás les ofreció la esclavitud disfrazada de libertad. Los engañó para que buscaran en el mundo lo que ya tenían en el Padre. Y, desde entonces, hemos estado haciendo lo mismo. Sin embargo, la verdadera libertad no se encuentra en la independencia, sino en la sumisión a un Padre bueno.

Piensa en mis hijos, por ejemplo. Son las personas más libres que conozco. No tienen ninguna autonomía o independencia. Están en completa sumisión a mí como su padre, al menos la mayor parte del tiempo. Sus vidas se definen por la risa, la alegría, la paz, la provisión, la confianza, la esperanza y el amor. Corren por nuestra casa cantando, bailando y jugando. Su mayor estrés es decidir con qué juguetes van a jugar. Mis hijos son plenamente conocidos y amados, y libres del temor al rechazo. Viven como un hijo y una hija amados.

> Cuando nunca nos sentimos como en casa, no podemos encontrar reposo.

Ahora compara eso con muchos de los adultos que conoces. Los adultos controlan su tiempo, su dinero y su vida. Viven en completa independencia, pero son algunas de las personas más esclavizadas que jamás conocerás. Su estrés, temor, ira, acaparamiento, amargura, esfuerzo, desempeño y soledad definen sus vidas. Realmente nadie los conoce, no se creen amados y viven con un temor constante al rechazo. Viven como huérfanos.

La diferencia entre un hijo o una hija y un huérfano espiritual es la disposición a recibir el amor del Padre. El Padre es tu fuente de vida. Te da un nombre y una identidad. Te da seguridad y protección. Te da provisión y valía. Te da propósito y dirección. Te da libertad.

Sin embargo, el problema es que la mayoría de nosotros resistimos al Padre. La herida fundamental de la humanidad es el corazón huérfano. Es una existencia en orfandad donde creemos que estamos solos. La consecuencia del pecado ha hecho que prefiramos vivir como huérfanos, porque vivir como hijos requiere confianza. Y preferimos mantener el control que ser dependientes. Tristemente, eso nos lleva a tratar de hacernos un nombre, validar nuestra importancia, cubrir nuestra vergüenza, satisfacer nuestras necesidades y demostrar cuánto valemos. Sin el amor del Padre tenemos miedo de abrirnos a recibir y dar amor. Lamentablemente, el corazón de huérfano nunca se siente cómodo en ninguna parte. Y cuando nunca nos sentimos como en casa, no podemos encontrar reposo. Tal vez nuestra sociedad sin reposo sea el resultado de corazones huérfanos.

Esta es una lista parcial de cómo se ve nuestro corazón sin y con el amor del Padre.

Huérfanos espirituales	Hijos e hijas amados
Ven a Dios como un Amo.	Ven a Dios como Padre.
Viven con miedo.	Viven en libertad.
Se valen por sí mismos.	Se permiten ser amados.
Se sienten solos.	Se sienten amados y aceptados.
Viven independientes.	Viven en total dependencia.
Se esfuerzan por cumplir las expectativas de otros.	Reciben y descansan.
Tienen una mentalidad de pobreza.	Tienen una mentalidad de abundancia.
Tienden a ser escépticos.	Confían plenamente.

Así que, ¿puedo preguntarte a cuál te pareces más? ¿Tu vida se define por la libertad de cantar y bailar o por la esclavitud al miedo y la ansiedad? Ya no tienes que ser huérfano. "No os dejaré huérfanos; vendré a vosotros" (Juan 14:18).

Jesús ha venido al orfanato de este mundo para llevarnos a casa.

El camino a la sanidad

Al hablar con amigos que han adoptado hijos, he aprendido que la transición de huérfano a hijo o hija no es tan fácil como podríamos pensar. Las historias que me han contado a menudo son misteriosamente similares, como por ejemplo:

Padres llenos de amor van a un orfanato en el extranjero y rescatan a un niño que vive en condiciones desgarradoras. Cambian la identidad del niño, le dan un nuevo nombre y lo llevan a un hogar lleno de amor. Sin embargo, que el niño haya sido adoptado no significa que sepa vivir en la libertad del amor. Los padres se sorprenden cuando encuentran que el niño ha escondido comida en el armario o debajo de la cama. Se confunden cuando el niño se niega a compartir los juguetes con los demás niños de la familia. No entienden por qué el niño se niega a recibir afecto y responde con ira. Lamentablemente, la vida de huérfano puede continuar incluso en una familia amorosa.

En el orfanato, el niño nunca sabía cuándo volvería a comer, por lo que aprendió a esconder la comida para poder sobrevivir. Descubrió que cada vez que daba algo, tal vez un juguete, nunca lo recuperaba. Y la única interacción que tenía con los adultos estaba llena de rechazo y dolor por lo que no quería acercarse a nadie. Mis amigos me contaron que han tenido que mostrarle la despensa de la cocina y decirle: "¿Ves todo esto? Es todo tuyo y puedes comer todo lo que quieras. ¿Ves estos juguetes? Son de nuestra familia y puedes jugar con ellos cuando quieras. ¿Sientes este abrazo y este beso? No importa lo que hagas, nunca dejaremos de abrazarte y besarte por el resto de tu vida".

Aunque estos niños han sido adoptados como hijos e hijas amados, todavía piensan como huérfanos. Han sido condicionados por años de orfandad y no saben cómo pensar o vivir en el amor. Sin embargo, el hecho de que se comporten como huérfanos no significa que no sean hijos e hijas amados.

Lo mismo sucede con nosotros. Ya no somos huérfanos. Hemos sido adoptados como hijos e hijas amados. "Pues no habéis recibido el espíritu de esclavitud para estar otra vez en temor, sino que habéis recibido el espíritu de adopción, por el cual clamamos: ¡Abba, Padre! El Espíritu mismo da testimonio a nuestro espíritu, de que somos hijos de Dios" (Romanos 8:15-16). No obstante, hay una gran diferencia entre ser libre y vivir libre.

> Hay una gran diferencia entre ser libre y vivir libre.

Hemos vivido en el orfanato de este mundo durante tanto tiempo, que todavía pensamos como huérfanos espirituales. Nos escondemos, acaparamos y odiamos. Entonces el Padre abre la despensa del cielo y nos dice: "¿Ves todo esto? Todo lo que tengo ahora te pertenece". El Padre señala a Jesús y nos recuerda que "el que no escatimó ni a su propio Hijo, sino que lo entregó por todos nosotros, ¿cómo no nos dará también con él todas las cosas?" (v. 32). En esencia, el Padre te dice: "Si te di lo mejor, Jesús, ¿no crees que te daré todas las demás cosas?".

Nuestro problema se parece al de los israelitas: nos resulta difícil ver a Dios como un Padre amoroso porque estamos muy acostumbrados al amo de este mundo. Así que Dios nos invita a hacer un viaje para cambiar nuestra forma de pensar. Seguir la nube era una invitación para que los israelitas aprendieran a vivir en la libertad del amor del Padre, y esa es la misma invitación que nos hace hoy.

Si el reino de los cielos es de los niños, cada paso que damos es el camino para sanar nuestro huérfano corazón. Seguir la nube es confiar en el corazón del Padre. Y es hora de volver a casa.

Él no es como tu papá

No estoy seguro de lo que piensas cuando escuchas la palabra *padre*. Muchos de nosotros tenemos una visión negativa de lo que es un padre debido a las heridas que nos ha causado nuestro padre terrenal. Como adultos, resistimos a Dios como Padre porque nuestro padre nos ha herido. Nos ha abandonado, rechazado, maltratado y ha abusado de nosotros cuando lo que necesitábamos era que nos amara, nos reconociera, nos valorara y nos protegiera. Nuestro corazón ha clamado: *¡Mírame! ¡Fíjate en mí! ¡Ámame! ¡Cree en mí! ¿No soy hermoso? ¿No soy fuerte? ¿No tengo lo que se necesita?*

Nos cuesta creer que somos amados y dignos de aceptación, porque muy pocos de nuestros padres nos dijeron que lo éramos. De hecho, el padre de algunos de ustedes los ha herido tanto que les está costando incluso leer este capítulo; pero tu padre no es la imagen del Padre; Jesús lo es.

Jesús dijo: "El que me ha visto a mí, ha visto al Padre" (Juan 14:9). En pocas palabras, Jesús es la representación exacta del Padre. Es la imagen y semejanza del Padre. Si quieres saber cómo es el Padre, no mires a tu papá; mira a Jesús. El Padre consuela como consuela Jesús, ama como ama Jesús, cuida como cuida Jesús, sana como sana Jesús. Tiene la misma ternura, bondad y fidelidad que tiene Jesús. La bondad que ves en Jesús es la bondad que el Padre nos manifiesta. Jesús vino a mostrarnos cómo es el Padre en un mundo lleno de figuras paternas deformadas.

La razón por la que hay tantas figuras paternas deformadas es porque los huérfanos nunca pueden convertirse en verdaderos padres; solo los hijos pueden hacerlo. Tienes que ser criado por un padre antes de poder convertirte en padre. Tienes que ser recibido como hijo o hija antes de poder criar hijos e hijas, porque solo puedes dar lo que has recibido (ver Mateo 10:8).

Y como muchas de nuestras figuras paternas no han recibido el amor del Padre, no pueden darnos el amor de un padre. Nos hieren, porque ellos mismos están heridos. Las personas heridas hieren a otros. No pueden darte el amor que nunca tuvieron, pero no dejes que el dolor de tu padre terrenal herido te aleje de tu amoroso Padre celestial.

Recuerdo que después de uno de nuestros servicios, una joven adolescente, Kim, se acercó a orar. Había algo oscuro y duro en ella, y su rostro estaba lleno de ira. Mientras hablábamos, apenas podía mirarme a los ojos. Me contó que se había estado cortando y experimentando sueños demoníacos casi todas las noches. Le pregunté sobre sus padres y rápidamente me dijo cuánto odiaba a su padre, que se había ido hace años.

Cuando puse suavemente mi mano sobre su hombro, ella se estremeció y se echó hacia atrás. Esperé un momento y luego le pedí al Padre que llenara su corazón con su amor y le revelara que ella era su hija amada, en quien tenía complacencia. Mientras oraba, pude sentir su amor tangible que la inundaba. Apenas dije "amén", me abrazó, hundió su rostro manchado de lágrimas en mi pecho y no me soltó. El amor del Padre estaba sanando su corazón.

A la semana siguiente, volvió a presentarse, pero su apariencia era tan diferente que ni siquiera la reconocí. Alguien tuvo que decirme que era Kim. Parecía una persona totalmente nueva. Su mirada era dulce y estaba llena de esperanza. Su rostro brillaba e irradiaba belleza. Sus palabras estaban llenas de valor y vida. El amor del Padre la había hecho libre.

Ese es el camino del Padre, que declara: "Con amor eterno te he amado; por tanto, te prolongué mi misericordia" (Jeremías 31:3). Tu Padre te dice: *¡Te veo! ¡Te quiero! ¡Creo en ti! ¡Te amo! ¡Estoy orgulloso de ti! ¡Eres hermoso! ¡Tienes lo que se necesita!* "Y seré a vosotros Padre, y vosotros me seréis hijos e hijas"

(2 Corintios 6:18). Lo que Dios quiere más que nada es atraerte a su familia. Aunque es Sanador, Proveedor, Perdonador y Creador, quiere que lo conozcas como Padre. Quiere que lo conozcas como Padre, porque no es Padre por lo que hace; sino por quién es. Él sana, provee, perdona y crea porque es Padre. Una cosa es *saber que Dios es Padre*, pero otra totalmente distinta es *experimentarlo como Padre*. Tal vez sea hora de una nueva experiencia.

El abrazo del Padre

La parábola más famosa de Jesús es la historia del hijo pródigo (ver Lucas 15:11-32). Es una historia con la que nos identificamos, porque si no hemos sido el hijo pródigo, seguramente hemos sido el hermano mayor.

"Quiero mi herencia, y la quiero ahora". En otras palabras: *Papá, ojalá estuvieras muerto*. El hijo menor de la parábola pensó que la libertad se encontraba en la independencia, no en la sumisión a su padre. Sin embargo, la vida independiente nunca es tan divertida como creemos.

> A veces hace falta una pocilga para darnos cuenta de que siempre hemos tenido un palacio.

El hermano mayor, por otro lado, pensó: "Me voy a ganar mi herencia", es decir: *Papá, haré que te sientas orgulloso de mí*. No se fue del hogar, pero nunca disfrutó de su padre ni de la vida, porque estaba demasiado ocupado en su desempeño en los campos. Ambos hijos tenían un corazón huérfano, por lo que el padre "les repartió los bienes" (Lucas 15:12).

Las fiestas, las prostitutas y la vida desenfrenada agotaron rápidamente la fortuna del hijo menor, hasta que un día se despertó y se dio cuenta de que había derrochado toda su herencia.

Obviamente, nunca tomó la clase de Paz Financiera de Dave Ramsey. Después de tocar fondo, se ofreció para alimentar cerdos. Mientras soñaba con darse un festín con la comida de los cerdos, comenzó a pensar en la abundancia del reino de su padre. Sabes que estás en problemas cuando la comida para cerdos comienza a verse apetecible. *Tal vez pueda ir a casa y ser solo un peón. Cualquier cosa sería mejor que esto*, pensó. A veces hace falta una pocilga para darnos cuenta de que siempre hemos tenido un palacio. Así que ensayó un pequeño discurso de disculpa y se dirigió a casa, no porque lo sintiera, sino porque tenía hambre. Sin embargo, la historia del hijo pródigo no se trata de los pecados de un hijo, sino del amor de un padre.

> Me levantaré e iré a mi padre, y le diré: Padre, he pecado contra el cielo y contra ti. Ya no soy digno de ser llamado tu hijo; hazme como a uno de tus jornaleros. Y levantándose, vino a su padre. Y cuando aún estaba lejos, lo vio su padre, y fue movido a misericordia, y corrió, y se echó sobre su cuello, y le besó. Y el hijo le dijo: Padre, he pecado contra el cielo y contra ti, y ya no soy digno de ser llamado tu hijo. Pero el padre dijo a sus siervos: Sacad el mejor vestido, y vestidle; y poned un anillo en su mano, y calzado en sus pies. Y traed el becerro gordo y matadlo, y comamos y hagamos fiesta; porque este mi hijo muerto era, y ha revivido; se había perdido, y es hallado (Lucas 15:18-24).

Todos los días desde que el hijo se fue de casa, el padre había estado mirando hacia el horizonte con la esperanza de que hoy fuera el día. Entonces, cuando vio a su hijo que venía caminando hacia su casa, salió corriendo del pórtico hacia él. Tomó a su hijo que olía a cerdos y le dio un tierno abrazo.

Aunque caminemos hacia el Padre, Él siempre corre hacia nosotros. Es su amor lo que nos lleva al arrepentimiento, no nuestro arrepentimiento lo que nos lleva a su amor. El Padre siempre va primero.

"Padre… ya no soy digno de ser llamado tu hijo". Sinceramente, de esta manera nos sentimos muchos de nosotros, ¿no es así? Sabemos dónde hemos estado, qué hemos hecho y los secretos que guardamos. Nuestro corazón dice: *no soy digno de ser llamado tu hijo o hija, así que déjame trabajar en tu campo y me ganaré mi propio sustento.* Sin embargo, el Padre se negó a potenciar la mentira, así que lo interrumpió y dijo: "Denle a mi hijo una túnica, un anillo y unas sandalias". Una túnica para cubrir su vergüenza, un anillo para establecer su autoridad en el reino del padre y sandalias como recordatorio de su lugar como hijo en la familia. Era el padre que declaraba: "Tú eres mi hijo amado en quien tengo complacencia". La vergüenza del hijo se había cubierto, su autoridad se había restaurado, su identidad se había declarado y su miedo se había expulsado. ¡Eso se merece una celebración!

Por primera vez en su vida, el hijo no solo estaba vivo, estaba viviendo. El abrazo de su padre lo cambió todo. Si su padre no le hubiera dado un abrazo, sino que solo le hubiera dado la túnica, el anillo y las sandalias, y hubiera regresado al hogar, el hijo habría pasado su vida creyendo que ya no era digno de ser un hijo. Habría trabajado como esclavo en los campos, para tratar de ganarse el amor y la aprobación de su padre y así devolverle el favor a su padre. Sin embargo, gracias a que su padre lo abrazó, recibió la libertad del amor de un padre. Su vergüenza y esfuerzo se esfumaron en los brazos del amor. El amor de su padre cambió el letrero de su corazón, que decía "Ya no es digno", por el de "Hijo amado".

Todos necesitamos ese tipo de abrazo.

Incluso Jesús lo recibió. La libertad que vemos en la vida de Jesús no provenía de estar sumergido en la justicia de Dios (Él mismo), las aguas del bautismo o incluso el Espíritu Santo. Era libre porque estaba sumergido en el amor del Padre, tal como lo declaró el Padre desde el cielo con la palabra *amado* el día de su bautismo. Muchos de nosotros hemos recibido la túnica, el anillo y las sandalias; pero todavía tenemos que recibir el amor del Padre. Creemos que fuimos perdonados, recibimos el poder del Espíritu y somos hijos de Dios, pero nunca hemos experimentado (no hemos estado sumergidos en) el amor del Padre. Por eso, todavía vivimos como esclavos y, hasta que su amor sanador llene las grietas de nuestro corazón, siempre trataremos de hacer méritos para obtener aprobación. Sin el abrazo del Padre, nos convertimos en el hermano mayor: estamos en el hogar, pero nunca encontraremos reposo mientras tratemos de ganarnos un amor que ya es nuestro. Solo al recibir el amor del Padre somos libres para vivir en verdad.

El hijo menor pensó que la vida sería mejor sin la nube. El hermano mayor trataba de complacer la nube por mero deber religioso. Jesús, el Hijo perfecto, siguió la nube porque sabía que la plenitud de la vida se encontraba con su Padre bueno. ¿Y tú? A fin de cuentas, tu voluntad de seguir la nube depende de que creas en la bondad del Padre. La pregunta subyacente, que hacemos con cada paso que Él nos invita a dar, es "¿Puedo confiar en Dios?". Y cualquier letrero que esté colgando en tu corazón determina tu respuesta.

No sé qué dice tu letrero, pero tal vez sea hora de cambiarlo por uno que diga "Hijo amado" o "Hija amada".

Sigue la nube: Vive libre

Nombra cinco personas a las que estás tratando de complacer en este momento.

¿Qué expectativa específica estás tratando de cumplir con cada una de ellas?

¿Toda esa energía y esfuerzo está produciendo los resultados que esperas? Si no, ¿qué está produciendo?

Vuelve a leer la lista de características de los huérfanos espirituales e hijos e hijas amados. ¿Qué categoría se parece más a tu vida?

Sé sincero. Si respondiste "huérfano espiritual", ¿qué característica te gustaría ver cambiar primero?

Tómate un momento para orar por eso, y di *Padre...*

Sección 3

EXPERIMENTAR SU PRESENCIA

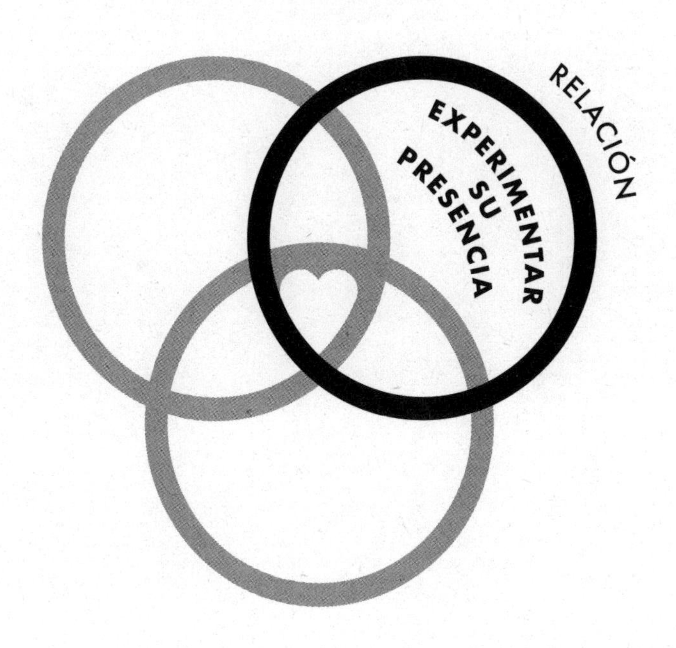

NO HAS SIDO DISEÑADO PARA ESTAR SOLO

SUSURRO ENSORDECEDOR

> Y en el desierto has visto que Jehová tu Dios te ha traído, como trae el hombre a su hijo, por todo el camino que habéis andado, hasta llegar a este lugar.
>
> —Deuteronomio 1:31

"Vas a fracasar".

Fueron las palabras que escuché en el almuerzo cuando pedí consejo a algunos líderes de mi confianza a los que respetaba.

En ese momento, había sido el pastor principal de nuestra iglesia por menos de dos años. Dios se estaba moviendo, la iglesia estaba creciendo en gran manera y no teníamos espacio. Buscábamos a Dios para que nos diera sabiduría sobre qué hacer a continuación, y nos quedamos impresionados por lo que le escuchamos decir. Creíamos que Dios nos pediría que siguiéramos el patrón de Hechos 1:8: "Recibiréis poder, cuando haya venido sobre vosotros el Espíritu Santo, y me seréis testigos en Jerusalén [tu ciudad], en toda Judea, en Samaria [tu región], y hasta lo último de la tierra [el otro lado del mundo]". Sentimos como si Dios nos estuviera invitando a dar nuestro próximo paso en las tres áreas: duplicar el tamaño de nuestro edificio actual en nuestra ciudad, construir un segundo edificio en nuestra región y comenzar una escuela ministerial para plantadores de iglesias en la India, todo al mismo tiempo por catorce millones de dólares.

Ahora bien, debes saber que, por el tamaño de nuestra iglesia y la falta de experiencia que teníamos como líderes en ese momento, era una visión literalmente imposible. Era como cuando Noé construyó el arca, o cuando los muros de Jericó se derrumbaron, o cuando Pedro caminó sobre el agua. Estaba totalmente más allá de nuestra capacidad en todos los sentidos. ¡Ah! y creíamos que Dios nos estaba pidiendo que no hiciéramos una campaña de recaudación de fondos, sino que simplemente presentáramos la visión e invitáramos a las personas a ser parte de la expansión de su reino.

Al mirar atrás, entiendo por qué estos experimentados líderes de iglesia me miraron como si estuviera loco. "Vas a fracasar —dijeron—. No hay forma de que puedas hacer todo esto. Nunca recaudarás esa cantidad de dinero. No tienes la experiencia en el liderazgo. Y ciertamente necesitas hacer una campaña para recaudar fondos y buscar especialistas que te ayuden". Con mucho ahínco, trataron de disuadirme de esta "idea ridícula". Así que ese día me fui de aquel almuerzo de trabajo lleno de dudas. Cuestioné la visión, cuestioné a nuestro equipo, me cuestioné a mí mismo y cuestioné a Dios. *¿Escuché tu voz de verdad?* Pues bien, ese es el truco más antiguo de Satanás, que trata de hacernos cuestionar lo que Dios ha dicho. Satanás le dijo a Eva en el huerto del Edén: "¿Conque Dios os ha dicho: No comáis de todo árbol del huerto?" (Génesis 3:1). *¿Dios realmente dijo que cambiara de carrera? ¿Dios realmente dijo que me casara con esta persona? ¿Dios realmente dijo que soy amado? ¿Dios realmente dijo que esperáramos con paciencia?* El diablo usará las circunstancias, las personas e incluso nuestras propias emociones para hacernos cuestionar la voz de Dios. No obstante, en mi corazón, no podía olvidarme de lo que sabía que nuestro equipo de liderazgo en unidad había escuchado del Señor. Así que juntos seguimos adelante.

El día que me levanté para hablar de esta visión a nuestra iglesia, estaba aterrorizado. Diez minutos antes del servicio, estaba escondido como un niño en una pequeña habitación detrás de la plataforma. Esas palabras seguían resonando en mi mente: *¡Vas a fracasar!* Y luego comenzaron a resonar todo tipo de voces, que decían: *Es una locura. ¿Que estamos haciendo? Es imposible. No puedo pedirle a la gente catorce millones de dólares. Somos demasiado pocos. No tenemos suficientes líderes. Me pregunto si podremos recuperar nuestro depósito.*

Tenía que tomar una decisión: tenía que decidir qué voz iba a seguir. ¿Iba a ser, "Dios dijo ____________, entonces yo ____________", o "Ellos dijeron ____________, entonces yo ____________"? Es la misma decisión que tú y yo tenemos que tomar todos los días. Tenemos que decidir a qué voz vamos a dar importancia. No sabía cómo lo íbamos a hacer, pero sabía lo que Dios había dicho. Era hora de seguir por fe o huir de miedo. Así que, con voz y manos temblorosas, caminé hacia la plataforma y presenté la visión a nuestra iglesia. La voz de Dios me dio el valor de seguir la nube hacia lo imposible. ¿Y sabes qué? Nuestra iglesia respondió a la visión con mucho entusiasmo. Juntos dimos nuestro próximo paso. Y dos años y medio después, los tres edificios de nuestro próximo paso estaban llenos de gente nueva y nos encontrábamos completamente libres de deudas.

La nube siempre suple lo que necesitamos para ir adonde sea que nos envíe.

No fracasamos; prosperamos, porque la nube siempre suple lo que necesitamos para ir a donde sea que nos envíe.

Palabras de vida

Una de las preguntas que me hacen todo el tiempo es: "¿Cómo escucho la voz de Dios?". Es una excelente pregunta, porque nuestro deseo de escucharlo es más importante que nuestra capacidad de hacerlo. Y la buena noticia es que Dios quiere que escuchemos su voz más de lo que nosotros queremos escucharlo hablar. Los seguidores de la nube anhelan escuchar su voz. De hecho, una de las actitudes más peligrosas de nuestro corazón como seguidores de Jesús es no tener deseos de escucharlo hablar: querer lo que Él ofrece sin quererlo a Él. Seguirlo sin escuchar su voz es elegir la religión por encima de la relación. Lamentablemente, esa es la elección que hicieron los israelitas.

> Todo el pueblo observaba el estruendo y los relámpagos, y el sonido de la bocina, y el monte que humeaba; y viéndolo el pueblo, temblaron, y se pusieron de lejos. Y dijeron a Moisés: Habla tú con nosotros, y nosotros oiremos; pero no hable Dios con nosotros, para que no muramos. Y Moisés respondió al pueblo: No temáis (Éxodo 20:18-20).

A medida que la nube se acercaba, ellos se alejaban. Sus corazones todavía tenían miedo de un Dios que acababa de mostrar su amor al liberarlos. Estaban dispuestos a seguir a Dios; solo que no estaban dispuestos a escuchar su voz. Estaban dispuestos a ser el pueblo de Dios; solo que no estaban dispuestos a hablar con Él. Así que le dijeron a Moisés: "Ve y habla tú con

Dios por nosotros. Encuéntrate con Él, escucha lo que tiene para decirnos y luego nos cuentas lo que dijo. Háblanos tú y te escucharemos, pero que no nos hable Dios directamente". Tenían miedo de que, si escuchaban su voz, morirían; pero la verdad es que nos morimos sin su voz. Jesús dijo: "Las palabras que yo os he hablado son espíritu y son vida" (Juan 6:63). Su voz es nuestra vida. Por lo tanto, la vida sin su voz no es vida en absoluto. La misma voz que dio existencia al universo, resucitó a los muertos y calmó el viento y las olas quiere hablarnos hoy. No nos morimos por el sonido de su voz; nos morimos sin su voz.

Sin embargo, los israelitas prefirieron tener a Moisés como mediador en lugar de tener una relación personal con Dios. Querían que un agente de bienes raíces negociara un trato por ellos en lugar de tener una cita con alguien que ya estaba encantado con ellos. Y como nunca escucharon su voz, nunca llegaron a conocer su corazón. Los israelitas sabían lo que Dios podía hacer, pero solo Moisés sabía quién era realmente Dios (ver Salmos 103:7).

Piensa en mis hijos por un momento. Imagínate si supliera todas sus necesidades, los llevara a la escuela, los alimentara y pagara todo en sus vidas, pero nunca quisieran escucharme. Quizá sepas cómo es esto. Mis hijos y yo seríamos parientes, pero no tendríamos una relación. Disfrutarían del trabajo de mis manos sin conocer el amor de mi corazón. Tristemente, creo que esto describe a menudo nuestra relación con Dios.

Me pregunto cuántos de nosotros estamos relacionados con Dios, pero no tenemos una relación con Él. ¿Con qué frecuencia disfrutamos lo que hace sin saber quién es en verdad? Jesús dijo: "De la abundancia del corazón habla la boca" (Mateo 12:34). Dicho sin rodeos, todo lo que decimos expone quiénes somos en verdad. Nuestras palabras son un reflejo de nuestro corazón. Por tanto, la voz de Dios revela su corazón. Cuanto más escuchemos su voz, más conoceremos su corazón. Y cuanto más conozcamos su corazón, más confiaremos en su voz. Ignorar su voz es ignorar a Dios mismo. No podemos tener una relación con alguien a quien nunca escuchamos.

Un Jesús de segunda mano

¿Recuerdas el juego del teléfono de cuando eras niño? Tal vez lo jugaste en la escuela. Una persona susurra una frase al oído de otra persona y luego esta la susurra al oído de la siguiente persona. Cada uno la transmite a la siguiente persona hasta que el mensaje llega a la última persona que dice la frase en voz alta. Lo que comenzó como: "Están por comenzar las vacaciones de verano" termina siendo: "Las vacaciones de verano se han cancelado". Cuanto más te alejabas de la fuente del susurro, más se distorsionaba la frase. Lo mismo sucede con Dios. Cuanto más nos alejamos de Él como fuente, más se distorsiona su verdad. Y cuanto más se distorsiona la frase, más costosas son las consecuencias. Dios no quiere hablarte principalmente a través de otras personas; quiere hablar contigo de manera directa. Me pregunto qué verdad se ha distorsionado en tu vida por escucharla a través del "juego del teléfono" de otros en lugar de escucharla de la misma fuente.

Con demasiada frecuencia, al igual que los israelitas, nos deslizamos hacia la zona de peligro. Queremos que alguien más escuche a Dios por nosotros: un pastor, un predicador radial, un amigo, un cónyuge o nuestra abuela "que es muy religiosa". Sin embargo, nunca estuvimos destinados a escuchar la voz de Dios principalmente por medio del hombre. Estamos destinados a escuchar la voz de Dios de su propia boca. Jesús murió para que pudiéramos tener acceso directo a Dios. De hecho, cuando otra persona nos transmite lo que Dios ha dicho, por lo general, nos deja con dudas.

Por ejemplo, ¿y si Pedro nunca hubiera escuchado la voz de Jesús por sí mismo? Imagina lo diferente que hubiera sido su vida. ¿Qué pasaría si el relato bíblico de cuando Pedro caminó sobre el agua hubiera sucedido así?

Jesús viene caminando sobre el agua hacia la barca de los discípulos. Después que Jesús habla con los discípulos durante unos minutos, Pedro se inclina hacia Juan y le pregunta:

—¿Qué está diciendo Jesús?

—Mmm, quiere que camines sobre el agua —responde Juan.

—¿Qué? ¿Estás loco? —Pedro se ríe—. Es imposible. No pudo haber dicho eso. Vamos, hombre, ¿qué dijo realmente?

Juan mira a Jesús y luego se vuelve hacia Pedro.

—Sí, quiere que camines sobre el agua hacia Él. Vamos. Te estaremos animando desde la barca.

No hay forma de que Pedro saliera de la barca si no hubiera escuchado a Jesús por sí mismo. Y no hay forma de que salgamos de nuestra barca si no escuchamos su voz por nosotros mismos. Seguir la nube es escuchar su voz. Si la fe viene por el oír, entonces nuestra disposición a escuchar es lo que nos da la fe para seguir (ver Romanos 10:17). Sin embargo, si siempre estamos esperando que otras personas nos transmitan lo que Dios ha dicho, nuestro corazón siempre estará lleno de dudas: *¿Dios realmente dijo eso?* Esta es la razón por la que a muchos de nosotros nos cuesta seguir la nube. Un Jesús de segunda mano nunca nos dará una fe de primera mano. No podemos seguir la nube mediante la voz del hombre, pero una palabra de Dios puede cambiarlo todo.

Un Jesús de segunda mano nunca nos dará una fe de primera mano.

Sintonizar

A medida que mis hijos crecen, cambian las conversaciones que tenemos. Independientemente de sus edades, siempre les he hablado de acuerdo con su nivel. Cuando eran bebés, me comunicaba con balbuceos y arrullos. Cuando empezaron a gatear, usaba ese tono de voz agudo que dice: "Mira lo grande que eres". Cuando comenzaron la escuela, empecé a utilizar palabras más formales para comunicarme con ellos. Ahora que están aprendiendo a leer, estamos teniendo conversaciones de adultos. Como padre, siempre les he hablado de una manera que pudieran comprender. Nunca he exigido a mis hijos que conversaran conmigo a mi nivel; siempre he ajustado mis palabras según su nivel de comprensión. Lo mismo sucede con Dios. No nos habla en un código críptico, un idioma extranjero o en un castellano antiguo. Dios no usa grandes términos teológicos, palabras litúrgicas o frases que necesitan un intérprete. No suena como un predicador enojado de los viejos tiempos. Nos habla a nuestro nivel de manera que lo entendamos. Es un Padre bueno que usa el lenguaje universal del amor.

Jesús quiere que tengamos confianza en que podemos escuchar su voz. Él dijo: "No solo de pan vivirá el hombre, sino de toda palabra que sale de la boca de Dios" (Mateo 4:4). La palabra *sale* está en tiempo presente y significa que Dios no nos ha hablado solo en el pasado, sino que nos habla constantemente en el presente. Así que Dios nos habla todo el tiempo, "y las ovejas le siguen, porque conocen su voz" (Juan 10:4). ¿Eres una de las ovejas de Jesús? ¿Es Jesús tu pastor? Si es así, Él dice que sabes cómo escuchar su voz.

Permíteme darte esta ilustración. Cuando naciste en esta tierra, naciste con la capacidad innata de escuchar en el ámbito físico. No tuviste que dejarte crecer las orejas. No tuviste que averiguar cómo escuchar. Naciste con la capacidad de escuchar los sonidos del mundo. Solo tuviste que aprender a sintonizar la voz de tu padre y aprender el idioma que estaba hablando. Tuviste que aprender a ignorar la confusión de chasquidos, traqueteos, explosiones, golpes, gritos y chillidos para sintonizar la voz de quien te sostenía en sus brazos.

La verdadera pregunta no es *¿Dios está hablando?*, sino *¿Estamos escuchando?*

Jesús dice que cuando tú, por la fe, crees en Él, has nacido de nuevo. Y cuando naces de nuevo, naces con la capacidad innata de escuchar en el ámbito espiritual. Naciste de nuevo con oídos espirituales y tienes la capacidad de escuchar la voz de Dios. Tienes la habilidad de escuchar los sonidos del cielo. Solo tienes que aprender a sintonizar su voz y aprender el idioma que habla. Tienes que aprender a ignorar las distracciones de la vergüenza, la condena, la crítica, la duda, la negatividad y el ajetreo, y sintonizarte con la voz de Aquel que te sostiene en sus brazos.

Hijos e hijas amados, escuchen la voz de su Padre. "Entonces *tus oídos oirán a tus espaldas palabra* que diga: Este es el camino, andad por él; y no echéis a la mano derecha, ni tampoco torzáis a la mano izquierda" (Isaías 30:21). La verdadera pregunta no es *¿Dios está hablando?*, sino *¿Estamos escuchando?*

Valorar su voz

Hace unos años organicé una reunión con un líder muy conocido de nuestra región. Me tomó meses conseguir una cita; pero como me encanta aprender, estaba dispuesto a esperar tanto como fuera necesario. El día de nuestro almuerzo, viajé una hora para llegar al restaurante. Llegué veinte minutos antes con preguntas específicas que quería hacerle escritas en mi cuaderno. Cuando entró al restaurante, me presenté y lo primero que me dijo fue: "¿Cómo apareciste en mi agenda?".

Estaba completamente desconcertado y no sabía cómo responder. Nuevamente, en un tono frustrado, dijo: "¿Cómo apareciste en mi agenda? No tengo tiempo para esto. Tienes quince minutos para hablar de lo que quieras".

Nos sentamos y durante los siguientes quince minutos miró su teléfono todo el tiempo mientras trataba de hablar con él. Finalmente, dejé de hacerle preguntas y él ni siquiera se dio cuenta. Pagué nuestra comida, sin duda uno de los almuerzos más incómodos de mi vida.

Mientras conducía a casa, me preguntaba cuántas veces le hago eso a Dios.

Decimos que queremos escucharlo, pero a veces nuestras acciones dicen lo contrario. Nuestro estilo de vida a menudo dice: *Dios, ¿cómo apareciste en mi agenda? No tengo tiempo para esto. Solo di lo que quieras decir, porque me tengo que ir.* Dios habla, pero no siempre estamos escuchando. Si queremos escuchar su voz, debemos adoptar una postura para escuchar. Como Samuel, un niño que aprendió a escuchar la voz de Dios, el clamor de nuestro corazón debe ser: "Habla, porque tu siervo oye" (1 Samuel 3:10). No puedes comenzar a seguir la nube hasta que estés dispuesto a escuchar.

Así que, ¿cómo podemos posicionarnos para escuchar lo que Dios está diciendo?

Disminuir el ritmo de nuestra vida. Nuestras vidas están demasiado ocupadas. Llenamos nuestros días de tantas actividades, deportes, compromisos, reuniones y viajes, que no nos queda tiempo para Dios. Nuestros teléfonos se han unido permanentemente a nosotros, lo que permite que las voces del mundo tengan acceso instantáneo a nosotros dondequiera que vayamos. La televisión, iTunes e Internet llenan constantemente nuestros oídos de bullicio. Solo digo que, si tenemos más interacción con nuestra tecnología que con el Espíritu Santo, algo anda mal. Y mientras corremos por la vida, esperamos que Dios nos hable en medio de todas estas otras voces, pero Dios no competirá por nuestra atención. Quiere que disminuyamos el ritmo y escuchemos, que nos acerquemos a Él con silenciosa espera y que valoremos su voz por encima de todas las demás.

De hecho, ¿por qué no dejas este libro, apagas tus dispositivos electrónicos, te sientas en silencio durante unos minutos y simplemente escuchas? ¿Puedes hacerlo sin ponerte nervioso? Decimos: "Dios, no puedo oírte. Habla más alto". Dios dice: *Quédate en silencio y escucha.* Nosotros queremos que Dios suba la voz, y Él quiere que nosotros disminuyamos el ritmo de nuestra vida.

Recuperar el interés por las Escrituras. Dios escribe como habla. Su voz suena como su Palabra. Por lo tanto, su Palabra escrita nos enseña cómo escuchar su palabra hablada. Dicho de otra manera, lo que Dios ya ha dicho te preparará para escuchar lo que quiere decirte. Si "toda la Escritura es inspirada por Dios" (2 Timoteo 3:16), la Biblia nos revela cómo suena la voz de Dios. En realidad, si quieres escucharlo ahora mismo, abre tu Biblia. Esas son las palabras que ya ha dicho, y Dios sigue diciendo las mismas palabras ya registradas. Cualquier valor que le des a la Palabra escrita es el valor que ya le has asignado a su palabra hablada (ver Juan 5:47). Las personas que leen su Palabra escuchan su voz.

Buscar a Dios. Exigir que Dios hable violenta la relación. No puedes exigir que la gente hable, pero puedes prepararte a escuchar. Por ejemplo, si trato de obligar a mi esposa, Colleen, a que me hable, por lo general no sale tan bien. Sin embargo, cuando dejo de hacer lo que estoy haciendo, me acerco a ella y la miro a los ojos, ella me abre su corazón. Lo mismo sucede con Dios. Él está esperando que preparemos nuestro corazón para escuchar. Moisés se apartó y fue a ver la zarza ardiente. Jesús a menudo se retiraba a lugares solitarios para orar. David salió del caos para consultar al Señor. Y todos oyeron hablar a Dios. Cuando dejamos de hacer lo que estamos haciendo y buscamos a Dios, le oiremos hablar.

Fomentar relaciones piadosas. Una de las mejores formas de aprender a escuchar la voz de Dios es rodearnos de otras personas que saben cómo escucharlo. Si te tomas en serio escuchar a Dios, necesitas un pequeño grupo de personas que te ayuden a sintonizar su voz. Me encanta estar rodeada de personas que escuchan a Dios, porque siempre edifican mi fe. Escuchar lo que Dios les ha estado diciendo me ayuda a escuchar lo que Él quiere decirme.

Josué aprendió de Moisés a escuchar a Dios. Timoteo aprendió de Pablo a escuchar al Espíritu Santo. Los discípulos aprendieron de Jesús a sintonizar al Padre. Las personas que saben cómo suena la voz de Dios te ayudarán a discernir su voz en tu propia vida. Tener relaciones piadosas en las que hablen, aprendan y juntos procuren ser más semejantes a Jesús es la clave para escuchar la voz de Dios. Proverbios 13:20 señala que llegarás a ser como aquellos con los que te juntes. La fe es contagiosa, mientras que la duda es infecciosa. Cuando estás rodeado de personas que creen que Dios habla, tu fe aumenta, pero si te rodeas de personas llenas de incredulidad, sus dudas infectarán tu corazón. ¿Te estás juntando con las personas adecuadas?

Pedir confirmación. Cada vez que creas que has escuchado a Dios, es una buena idea buscar confirmación. En un mundo lleno de voces que compiten por nuestra atención, no solo está bien, sino que también es sabio preguntar: "Dios, ¿eres realmente tú?". Y puedes responder esa pregunta tan solo pasando por estos filtros lo que crees haber escuchado:

- ¿Se ajusta a las Escrituras?
- ¿Lo confirman los consejos piadosos?
- ¿Hay un eco sagrado? (¿Lo estoy escuchando en más de un lugar/de más de una persona?)
- ¿Requiere fe?
- ¿Te lleva hacia Jesús?

Recuerda que la voz de Dios siempre es amorosa, te dará paz y te traerá consuelo. Si no pasa por estos filtros, no es de Dios. Si lo hace, puedes seguir adelante con confianza.

Pregunta, escucha, responde

En Valley Creek, nos definimos como una iglesia centrada en Jesús y llena del Espíritu que infunde vida. Creemos que las personas centradas en Jesús se centran más en lo que Jesús ha hecho por ellas, que en lo que tienen que hacer por Él; las personas llenas del Espíritu caminan en el carácter y el poder de Jesús; y las personas que infunden vida reciben y liberan la vida de Jesús dondequiera que vayan.

Nuestra visión es *ayudar a las personas a dar su próximo paso en su travesía con Jesús*. Es una visión inspiradora, porque su simplicidad la hace relevante para todos. No importa cuánto tiempo hayamos caminado con Dios, siempre tenemos un próximo paso que dar. Ya sea volver a la iglesia el próximo fin de semana, perdonar a alguien, comenzar a servir o crecer como líder, todos tenemos un paso que dar y solo Dios puede decirnos cuál es. Lo que me encanta de nuestra visión es que invita a cada individuo a escuchar a Dios por sí mismo. No sé cuál será tu próximo paso, así que no puedo decirte qué hacer, pero Dios lo sabe y te dice: "Te guiaré por el mejor sendero para tu vida; te aconsejaré y velaré por ti" (Salmos 32:8, NTV). Así que usamos esta pequeña frase: *Pregunta, escucha y responde. Pregúntale* a Dios qué quiere decirte. *Escucha* su voz. *Responde* con obediencia y da tu próximo paso. El corazón de un seguidor de la nube es: "Le pregunté __________. Me dijo __________. ¡Por lo tanto, voy a __________!".

Pregúntale a Dios qué quiere decirte. Escucha su voz. Responde con obediencia y da tu próximo paso.

Solo la voz de Dios nos da la claridad y el valor para seguir adelante. Moisés se enfrentó a Faraón, Pablo se convirtió en plantador de iglesias, y Jesús fue a la cruz, porque la voz de Dios les dio la fe para caminar hacia lo desconocido. Dios te pedirá que des los próximos pasos que están más allá de tu capacidad y comprensión, pero su voz te traerá la paz y la confianza que necesitas para levantarte e ir.

Incluso mientras escribo esto, nuestra iglesia está a punto de dar otro gran paso. Cuando miro los obstáculos y retos que tenemos frente a nosotros, parece imposible. Las voces del mundo me dicen que retroceda, pero yo sé lo que Dios ha dicho. Y si todas las promesas de Dios son un "sí" en Jesús, entonces no solo podemos, sino que debemos avanzar y confiar en su voz. Es solo en lo imposible donde descubrimos al Dios que crea posibilidades. Si lo ha dicho, lo cumplirá. Solo necesitamos tener fe para seguir.

Inclinados ante Él

No sé tú, pero yo a veces desearía que Dios me hablara de forma espectacular. Me encantaría que escribiera un mensaje en el cielo, me mostrara una zarza ardiente, me enviara un ángel, me hablara con una voz ensordecedora desde el cielo o me hablara por medio de un burro (bueno, ¿qué tal al menos por medio de un perro o gato?). Quiero decir, ¿qué tan genial sería recibir un mensaje de texto de Dios? *Plin. Plin.* Sacas tu teléfono. Es un número desconocido. Abres el mensaje de texto y dice: "Oye, soy Dios. ¡La respuesta a tu pregunta es sí!". Aunque eso sería increíble y mucho más fácil, tenemos algo aún mejor: el Espíritu Santo.

El Espíritu Santo dentro de ti es mejor que Jesús a tu lado. Por eso, Jesús les dijo a los discípulos que era bueno que se fuera porque entonces podría venir el Espíritu Santo. Jesús murió para que cualquiera pudiera escuchar la voz de Dios en cualquier momento y en cualquier lugar. Jesús dijo: "Pero cuando venga el Espíritu de verdad, él os guiará a toda la verdad; porque no hablará por su propia cuenta, sino que hablará todo lo que oyere, y os hará saber las cosas que habrán de venir" (Juan 16:13). El Espíritu Santo es tu sistema de navegación incorporado, que nunca dice: "Recalculando". No necesitamos un mapa de ruta formal, porque tenemos un guía turístico personal. Él es nuestro Consejero, que transmite la sabiduría de Dios a nuestro corazón. La presencia continua de Dios nos da la fe para escuchar la voz infalible de Dios. Él es el gran Susurrador dentro de nosotros, y eso *es espectacular*.

La presencia continua de Dios nos da la fe para escuchar la voz infalible de Dios.

¿Recuerdas al profeta Elías? En 1 Reyes 19 encontramos que estaba pasando por uno de los peores días de su vida. Hay muchos de esos días malos en la Biblia. Eso debería traerte un poco de consuelo. Todos tenemos días malos. Elías estaba desanimado, tenía resaca del ministerio, estaba exhausto y huía de una mujer desquiciada que quería matarlo. Mientras descansaba en una cueva, Dios vino a encontrarse con él. Y aquí es donde se pone interesante. Apareció un fuerte viento que rompía los montes, y quebraba las rocas; pero Dios no estaba en el viento. Y tras el viento un terremoto; pero Dios no estaba en el terremoto. Y tras el terremoto un fuego que quemó toda la ladera de la montaña; pero Dios no estaba en el fuego. Y tras el fuego un suave susurro, y Dios estaba en el susurro. Entonces Elías se cubrió el rostro con su manto, se inclinó ante la presencia de Dios y escuchó. El poder del cielo no estaba en lo espectacular, sino en el susurro.

Queremos que su voz suene de manera espectacular para no perdernos su *voz,* pero Dios quiere hablarnos en un susurro para que no nos perdamos su *presencia.*

Quizás te preguntes, *¿por qué Dios habla muchas veces en un susurro?* Susurra porque está cerca y desea estar aún más cerca. Dios no está en algún lugar lejano del universo. Está justo aquí, y su susurro es nuestra invitación a inclinarnos ante Él. Es una invitación a la intimidad. La intención de la voz de Dios es siempre acercarnos al corazón de Dios. Queremos que su voz suene de manera espectacular para no perdernos su *voz,* pero Dios quiere hablarnos en un susurro para que no nos perdamos su *presencia.*

Sigue la nube: Vive libre

Dios quiere que escuches su voz aún más de lo que tú quieres escucharlo. ¿Cuándo fue la última vez que sentiste haber escuchado claramente que Dios te hablaba? ¿Qué estaba pasando en tu vida? Tómate un momento, quédate en silencio y *pregunta, escucha* y *responde* sobre un área de la vida donde necesitas la sabiduría de Dios. Él promete que te la dará (Santiago 1:5)

Si queremos escuchar la voz de Dios, tenemos que predisponernos a escuchar. ¿Cuál de las áreas de valoración de su voz son las más fáciles para ti?

¿Cuáles son las más difíciles? ¿Disminuir el ritmo de tu vida? ¿Recuperar el interés por las Escrituras? ¿Buscar a Dios? ¿Fomentar relaciones piadosas? O ¿pedir confirmación? ¿Por qué son las más difíciles?

8

AMISTAD

Me pregunto cómo habría sido esa conversación.

Abraham debe haberlo ensayado en su mente por lo menos mil veces. "Ehh, Sarah, ¿te hiciste un nuevo corte de cabello? Porque, ¡vaya! se ve increíble, ¡me encanta! Estaba pensando que tal vez podríamos invitar a tu mamá a cenar la próxima semana. Oye, ehhh, ¿ya sabes nuestro hijo, Isaac? Sí, ¿el que esperamos durante más de veinticinco años? Bueno [traga saliva], Dios me pidió que lo ofreciera como sacrificio en la montaña. Sé que parece una locura, y sé que vas a decir que no; pero antes que digas nada, creo que Dios lo resucitará. Entonces, si te parece bien, saldremos a primera hora de la mañana y veremos qué sucede".

Pensándolo bien, tal vez solo le dijo que iba a llevar a Isaac a dar un paseo.

—¡Abraham! —lo llamó Dios.

—Aquí estoy —respondió Abraham.

Entonces Dios le dijo: "Toma ahora tu hijo, tu único, Isaac, a quien amas, y vete a tierra de Moriah, y ofrécelo allí en holocausto sobre uno de los montes que yo te diré" (Génesis 22:2). Algunos pasos son más difíciles que otros. A veces, nuestro deseo de escuchar la voz de Dios puede cambiar rápidamente a un deseo de que guarde silencio. Estoy seguro de que, en ese momento, Abraham desearía no haber escuchado a Dios. Sin embargo, una vez que escuchamos su voz, somos responsables de administrar lo que ha dicho, sin importar el costo.

La mayordomía siempre ha sido importante para Dios. Él quiere que seamos buenos administradores de todo lo que nos ha confiado: finanzas, relaciones, oportunidades, talentos, unción, ministerios y, especialmente, su voz. Si somos fieles en lo poco, promete confiarnos mucho. Jesús dijo: "Mirad lo que oís; porque con la medida con que medís, os será medido, y aun se os añadirá a vosotros los que oís. Porque al que tiene, se le dará; y al que no tiene, aun lo que tiene se le quitará" (Marcos 4:24-25). En otras palabras, cualquier cosa que hagas con lo que Dios te dijo ayer determinará lo que escucharás mañana. Nuestra capacidad de escuchar lo que Dios nos quiere decir está determinada por lo que hemos hecho con lo que Dios ya nos ha dicho. Dios no es descuidado con sus palabras. Contienen tanta vida y tanto poder que las confía a aquellos que las usarán con sabiduría. La obediencia es la forma en que administramos la voz de Dios.

Cualquier cosa que hagas con lo que Dios te dijo ayer determinará lo que escucharás mañana.

Ejecutar la jugada

Piensa por un momento en tu equipo de fútbol americano favorito. Digamos que es el partido por el campeonato y todo está en juego. El equipo se agrupa en círculo y el entrenador pide que ejecuten una jugada estratégica. Cada jugador tiene una asignación única basada en la jugada que deben ejecutar. Los jugadores rompen el círculo con confianza, se dirigen a la línea de ataque y saben exactamente lo que deben hacer. Mientras se alinean, el centro pone su mano sobre el balón, la defensa está lista y la multitud contiene la respiración. Ahora imagínate si, en lugar de ejecutar la jugada, se dieran la vuelta, chocaran los cinco el uno al otro y volvieran a agruparse para obtener otra jugada. Sería ridículo. No hay razón para volver a agruparse, porque ya saben qué jugada deben ejecutar. El entrenador no va a pedir otra jugada hasta que no ejecuten la que ya les ha indicado. Lo mismo sucede con Dios.

Cuando escuchamos a Dios hablar, es nuestra responsabilidad combinar su voz con nuestra fe y ejecutar la jugada que nos indica. Oponerse a sus mandamientos es oponerse a Dios mismo. Yo creo que escuchamos a Dios; solo que no estamos seguros de querer obedecer. No queremos que Dios nos hable de diezmar, servir o perdonar; queremos que nos hable de bendición, abundancia y respuesta a nuestras oraciones.

No siempre te gustará la jugada que te manda ejecutar. No siempre te gustará lo que escuchas decir a Dios; pero estar en una relación significa estar dispuesto a escuchar lo que la otra persona quiere decir, no solo lo que tú quieres escuchar. La obediencia le muestra a Dios que estás listo para más. Así que, si sientes que no estás escuchando la voz de Dios, vuelve atrás y haz lo último que te pidió que hicieras.

Jesús dijo: "Antes bienaventurados los que *oyen* la palabra de Dios, y la *guardan*" (Lucas 11:28). No somos bendecidos cuando escuchamos la voz de Dios. Somos bendecidos cuando aplicamos lo que Él ha dicho a nuestras vidas, cuando ejecutamos la jugada que Él nos ha indicado. La fe elige obedecer antes que Dios hable, porque la fe valora la relación por encima de la comodidad. Y eso fue lo que hizo Abraham. Respondió: "Aquí estoy", mucho antes que Dios lo llamara, porque tenía el corazón de un verdadero amigo.

Pedidos razonables

Crecí en las afueras de Buffalo, Nueva York. Aunque Buffalo es famoso por sus alitas de pollo y por perder el Super Tazón cuatro veces seguidas (¡desgarrador!), probablemente sea más famoso por su suministro interminable de nieve. Si vives cerca de lugares como Buffalo, rápidamente aprendes que tienes una de dos opciones: quejarte constantemente del clima o aprender a aceptar la nieve. Elegí aceptarla y traté de hacer un poco de dinero al mismo tiempo, así que hacia el final de la universidad comencé un negocio de quitanieves.

Recuerdo una vez, alrededor de las tres de la madrugada, la nieve caía unos centímetros por hora y yo la estaba apartando. Ahora bien, mientras empujaba sin cuidado una enorme carga de nieve fuera de la carretera, me pasó lo peor que le puede pasar al que quita la nieve: mi camión se quedó atascado en un banco de nieve.

¿Qué haces cuando estás atascado y son las tres de la madrugada, hace mucho frío y nieva con mucha intensidad? Prácticamente tienes una sola opción: llamar a alguien para que te saque de allí. Mientras buscaba en mi teléfono, vi los nombres de muchas personas que conocía; pero lo que necesitaba en ese momento era un amigo, alguien cuyo corazón dijera: "Estoy en camino", incluso antes que lo llamara. Solo la relación puede sacar a alguien de una cama caliente en una noche fría. Así que marqué un número y diez minutos más tarde estaba de vuelta en la carretera bebiendo una taza de café recién hecho. Eso es amistad. Los amigos responden antes que se lo pidan, porque creen que la relación supera el costo.

Eso es lo que hizo a Abraham tan especial. Cuando Dios llamó, él respondió.

"Y Abraham se levantó muy de mañana… y fue al lugar que Dios le dijo" (Génesis 22:3). Esa afirmación me sorprende. Creo que todos podemos estar de acuerdo en que ese no fue una petición razonable. Isaac era su hijo milagroso y el cumplimiento de la promesa de Dios. Sacrificarlo era una locura, pero Abraham dio su próximo paso sin demora ni vacilación. Abraham estaba tan desesperado por Dios, que nada lo detendría de seguir la nube. Él sabía que Dios lo amaba de manera entrañable, de modo que apartó sus sentimientos por Isaac y obedeció a Dios por completo. Abraham entendió lo que a menudo olvidamos: la obediencia está determinada por la relación, no por la razón.

La Biblia está llena de ejemplos en los que Dios pidió a ciertas personas que hicieran cosas que no parecían razonables en el momento. No era razonable que le pidiera a Noé que construyera un arca en el desierto sin ningún pronóstico de lluvia. No era razonable que Nehemías, un simple siervo, dirigiera una nación para reconstruir los muros de Jerusalén. No era razonable que David peleara contra Goliat con solo una honda. Y probablemente no sea *razonable* que Dios te pida que des tu próximo paso. Tal vez te esté pidiendo que te humilles, te alejes de la familia, termines una relación, renuncies a tu equipo, comiences algo nuevo, cambies de especialidad o te unas a un grupo pequeño. Y crees que no es razonable que te pida que hagas eso. Tienes razón; no lo es. No obstante, la obediencia no está determinada por la razón, sino por la relación.

La desobediencia es confianza mal colocada. Es confiar en alguien o algo más que en Dios.

Tenemos que recordar que estamos llamados a caminar por fe, no por vista, lo que significa que la razón es enemiga de la fe. Cada paso que tenemos miedo de dar es un punto donde cuestionamos la bondad de Dios. La desobediencia es confianza mal colocada. Es confiar en alguien o algo más que en Dios.

Decimos "no" a Dios, porque creemos que decir "sí" a otra cosa nos hará felices. Sin embargo, si Dios es amor, cada paso que nos pide que demos es amoroso, cada paso, especialmente los que parecen irrazonables. Y si eso es cierto, *lo más razonable* que harás es seguir cada paso que Él te pida que des.

Una petición radical es una invitación a experimentar una relación radical.

"¿No fue justificado por las obras Abraham nuestro padre, cuando ofreció a su hijo Isaac sobre el altar? ¿No ves que la fe actuó juntamente con sus obras...? Y se cumplió la Escritura que dice: Abraham creyó a Dios, y le fue contado por justicia, y *fue llamado amigo de Dios*" (Santiago 2:21-23). Dios hizo a Abraham una petición radical y, debido a que Abraham *se levantó* y *fue*, se hizo amigo de Dios. El cielo registra a Abraham como amigo de Dios porque respondió: "Aquí estoy", no dijo: "No puedo hacer eso". Los seguidores de la nube se vuelven amigos de Dios, porque dicen que sí cuando Él los llama.

¿Qué tan cerca estás?

Para decir las cosas como son, estás tan cerca de Dios como quieres estarlo. En Jesús, tienes pleno acceso a acercarte con confianza al trono de la gracia (ver Hebreos 4:16). La razón por la que Moisés, David y Pablo experimentaron a Dios de una manera que nadie más lo hizo fue porque estaban dispuestos a dar los pasos que nadie más daría. Dios dice: "Me buscaréis y me hallaréis, porque me buscaréis de todo vuestro corazón" (Jeremías 29:13). Dios no se encuentra en la exploración casual, sino en la búsqueda

Estás tan cerca de Dios como quieres estarlo.

apasionada. Si lo obedeces como nadie más lo hace, tendrás una relación con Él como nadie más la tiene. Cuanto más de nosotros mismos entreguemos, más de Él encontraremos. Cada paso que das te acerca a lo más profundo de su corazón.

Es fácil pensar que los "héroes de la fe" tenían un acceso a Dios diferente al nuestro, pero puedes estar tan cerca de Dios como cualquiera de los que nos precedieron. Jesús dijo: "Vosotros sois mis amigos, *si* hacéis lo que yo os mando" (Juan 15:14). En otras palabras, la obediencia es el camino hacia la amistad con Dios.

La obediencia de Jesús determina tu identidad, pero tu obediencia determina tu intimidad.

Piénsalo así: La obediencia de Jesús determina tu identidad, pero tu obediencia determina tu intimidad. Tu disposición a obedecer no afecta tu salvación, pero sí influye en la calidad de tu relación. En otras palabras, la salvación es gratuita, pero la obediencia es el costo de una amistad profunda. Para obedecer, tal vez tengas que renunciar a un salario, pasatiempo, comodidad, conveniencia, rutina o cualquier otra cosa que desees. Sin embargo, a medida que te vuelves amigo de Dios, comienzas a darte cuenta de que en realidad no fue un costo, porque con Él siempre recibes más de lo que das.

Imagínate si nunca hiciera nada de lo que mi esposa, Colleen, me pide que haga. ¿Y si nunca lavara los platos? ¿Y si nunca la llevara a comer afuera? ¿Y si nunca saliera a pasear con ella? ¿Y si nunca cumpliera ninguna de las peticiones que ella me hiciera? ¿Y si me negara a cambiar las cosas que no le gustan? Si nunca hiciera nada de lo que me pida que haga, aún estaríamos casados, pero nuestro nivel de intimidad sería muy bajo. Mi identidad no cambiaría. Seguiría siendo su esposo, seguiríamos unidos en pacto, pero no seríamos *realmente* amigos. Nuestra relación sería superficial en el mejor de los casos. Quizás conozcas algunos matrimonios que se parecen a eso. Bueno, lo mismo sucede con Dios.

No obedecer sus mandatos, no cambia nuestra identidad. Seguimos siendo hijos e hijas amados en pacto con Él, pero sin experimentar una amistad profunda con Él. Negarnos a dar nuestro próximo paso es negarnos a aceptar su petición de amistad. Nuestra desobediencia no cambia quiénes somos, pero sí determina la calidad de nuestra relación. "El que tiene mis mandamientos, y los guarda, ese es el que me ama" (Juan 14:21). En esencia, la obediencia es el lenguaje de amor de Dios. Así es como nos pide que lo amemos. Cada paso que damos declara: *Dios, te amo.*

La obediencia es el lenguaje de amor de Dios.

Miedo, deber o amor

Si tienes hijos, tal vez sepas que una casa ruidosa es una casa saludable. Al menos lo es para nosotros. Mientras nuestra casa suene como un circo, estoy seguro de que todo está bien. Si alguien llora por algo, canta una canción inventada, se ríe incontrolablemente, hace sonidos desagradables o choca cosas, sé que todo está bien. Sin embargo, la tranquilidad por lo general significa problemas. Por eso, una tarde, cuando no había escuchado ningún ruido de mi hija en mucho tiempo, supe que estaba tramando algo.

Subí sigilosamente por las escaleras y me asomé a su dormitorio, y allí estaba, ¡haciendo un dibujo gigante en las paredes con un lápiz labial!

Mientras observaba a la pequeña señorita Picasso haciendo su obra maestra, me pregunté qué haría el Dr. Phil. En silencio, me alejé de su puerta y volví a las escaleras. Tenía curiosidad por ver cómo respondería, así que empecé a hacer ruido para que supiera que venía y dije: "Oye, Emma, ¿dónde estás?".

Cuando entré en su habitación, instantáneamente tomó el tubo de lápiz labial y nerviosamente comenzó a aplicárselo en los labios.

—Oye, Emma, ¿qué estás haciendo?

—Nada, papá. Solo me estaba pintando los labios. ¿No me veo más bonita? —me dijo.

—Te ves hermosa, pero ¿estás haciendo *realmente* eso? —le pregunté.

—Sí, papá. Solo me estoy maquillando. ¿Quieres un beso? —dijo ansiosamente.

—Emma, ¿me estás diciendo la verdad?

—Noooooo —gritó mientras le corrían grandes lágrimas de cocodrilo por las mejillas—. Estoy haciendo un dibujo… en la pared… con lápiz labial.

—¿Qué hemos dicho sobre eso? —le pregunté.

—Que solo puedo dibujar en papel —respondió vacilante.

—Entonces, ¿qué significa esto? —le pregunté.

—Que va a haber consecuencias —dijo.

—Sí, tiene que haber consecuencias. Así que voy a quitarte tu muñeca, Isabelle, por una semana —le dije.

—¡Por favor, no me quites mi muñeca! ¡Cualquier cosa menos mi muñequita! —suplicó devastada.

—Lo siento, Emma, pero esa es la consecuencia.

Así que guardé su muñeca abajo, en mi oficina, y traté de limpiar el lápiz labial.

Al día siguiente me quedé pensando en la situación. Durante meses habíamos luchado con sus dibujos en las paredes, los pisos, los muebles, prácticamente en todo menos en el papel. Obviamente, nuestra estrategia de crianza no estaba funcionando, así que quería probar algo diferente.

Cuando llegué a casa del trabajo, la llamé a mi oficina. Entró, todavía con el corazón roto por la pérdida de su muñeca, y apenas podía mirarme a los ojos. Agarré su muñeca del estante y dije:

—Aquí está tu muñeca.

—¿Puedo recuperarla? ¿Por qué? —preguntó atónita.

—Porque te amo y te perdono —le respondí.

Abrazó a su muñeca y comenzó a salir de mi oficina. Cuando llegó a la puerta, se detuvo. Lo que pasó después me conmovió. Dejó caer su muñeca al suelo, se dio la vuelta, corrió y saltó a mi regazo, me dio un gran abrazo y me dijo: "Te amo, papá". Salió de mi oficina y, ¿sabes qué?, nunca ha vuelto a dibujar en las paredes. ¡En serio! ¿Por qué no probé esa táctica la primera vez?

Mientras estaba allí sentado sin palabras, me di cuenta de que ese es el poder de la gracia. Aunque esperaba las consecuencias, la bondad inmerecida transformó su corazón. Por simple que parezca, un momento de gracia no solo cambió su comportamiento, sino que, lo que es más importante, la atrajo a mis brazos. Y eso es lo que la gracia de Dios hace por nosotros.

Muchas veces tratamos de obedecer a Dios por temor o por deber. Seguimos la nube porque tenemos miedo de las consecuencias. La seguimos porque creemos que tenemos que hacerlo, pero Dios quiere que lo hagamos por amor a Él. Así que, nos concede su gracia; una gracia que nos atrae a sus brazos y cambia nuestro comportamiento.

A menudo olvidamos que, cuando Dios dio los Diez Mandamientos a los israelitas, la primera frase era un recordatorio de su gracia en sus vidas: "Yo soy Jehová tu Dios, que te saqué de la tierra de Egipto, de casa de servidumbre" (Éxodo 20:2). Antes de pedirles que lo siguieran, les recordó que ya los había liberado. La obediencia es la respuesta natural para recibir la gracia. Jesús sabe que a quien mucho se le perdona mucho ama (Lucas 7:47). Básicamente, cuando entendemos *lo que Él ha hecho*, cambia *lo que hacemos*. Solo la gracia puede darnos el *deseo* y el *poder* de obedecer por amor. Cuanta más gracia recibo, más deseo obedecer. La gracia nos "[enseña] que, renunciando a la impiedad y a los deseos mundanos, vivamos en este siglo sobria, justa y piadosamente" (Tito 2:12). La gracia es nuestra maestra. No nos da poder para pecar; nos da poder para vencer el pecado. La obediencia genuina comienza por recibir la gracia de Dios.

De hecho, su gracia es tan poderosa que nos capacita para vivir más allá de lo que exige la Ley. La Ley puede decirnos que no cometamos adulterio, pero solo la gracia puede darnos un corazón para amar a nuestro cónyuge. La Ley puede decirnos que no robemos, pero solo la gracia puede darnos el deseo de ser generosos. La Ley puede decirnos que no codiciemos, pero solo la gracia puede ayudarnos a ser agradecidos por nuestra vida. La Ley puede decirnos que sigamos por miedo o por deber, pero solo la gracia puede capacitarnos para seguir por amor.

Siempre que no estamos dispuestos a obedecer es porque nos hemos olvidado de lo mucho que hemos sido perdonados. Cuando no queremos seguir por donde va la nube es porque hemos perdido de vista dónde hemos estado.

No iré sin ti

No sé tú, pero yo no soy muy bueno para esperar. No me gusta esperar en la fila, en el tráfico, en el Departamento de Tránsito o que se cargue la Internet. Lo admito, soy impaciente. Sigamos con el tema ahora.

Así que, cuando estoy esperando que Colleen se arregle para salir, me vuelvo un poco loco. De alguna manera, parece que cada vez que salimos, termino esperando en el auto mientras ella todavía se está arreglando. Tiene que maquillarse, ponerse las alhajas, cambiarse de ropa y volver a controlar a los niños, todo mientras yo estoy listo y esperando. "Cariño, si no nos vamos ahora, vamos a perder nuestra reserva". Podría irme e ir a cenar sin ella, pero eso anularía el propósito. O cuando esté lista, podría hacer pucheros y decir: "No importa. Ya no quiero ir. Ahora estoy ocupado haciendo otra cosa". Sin embargo, el objetivo de nuestra salida no es llegar a tiempo al restaurante; sino estar juntos. Disfrutar el uno del otro es más importante que llegar a donde queríamos ir. La relación es superior al destino. Lo mismo sucede con Dios.

Una de las dificultades de seguir la nube es que el tiempo de Dios es muy diferente del nuestro. Para Él, un día es como mil años, y mil años es como un día. Así que la tentación que enfrentamos constantemente es movernos cuando es tiempo de esperar y esperar cuando es tiempo de movernos. "Cuando se alzaba la nube del tabernáculo, los hijos de Israel partían; y en el lugar donde la nube paraba, allí acampaban los hijos de Israel... O si dos días, o un mes, o un año, mientras la nube se detenía sobre el tabernáculo permaneciendo sobre él, los hijos de Israel seguían acampados, y no se movían; mas cuando ella se alzaba, ellos partían. Al mandato de Jehová acampaban, y al mandato de Jehová partían" (Números 9:17, 22-23).

El deseo de Dios era que su presencia estuviera siempre en el centro de sus vidas. Los israelitas no estaban destinados a adelantarse (ni estar rezagados) a la nube, porque era su fuente de vida. De hecho, cada vez que se movían más allá de la nube, siempre se encontraban en problemas. Por eso, todas las noches la nación entera acampaba alrededor de la nube. El objetivo de seguir la nube nunca fue *llegar a alguna parte*, sino *disfrutar de alguien*. Cada paso se trataba menos de llegar a su destino y más de llegar a conocer a su Dios. No importaba si tenían que esperar o darse prisa; lo que importaba era que estaban experimentando a Dios. Por eso, Moisés audazmente declaró: "Si tu presencia no ha de ir conmigo, no nos saques de aquí" (Éxodo 33:15). Se negó a ir a ningún lado sin Dios. Moisés creía que el desierto con Dios era mejor que la tierra prometida sin Él. No le importaba dónde estaba o adónde iba mientras supiera con quién estaba.

La obediencia implica decir: *prefiero quedarme aquí contigo que ir solo*. Es ir a la par con Dios, porque valoramos más la relación que el destino. Cada vez que dejamos de estar alineados bajo la nube, es porque estamos más concentrados en llegar a algún lugar, que en disfrutar de alguien. A menudo deseamos con tantas ansias llegar a ese nuevo trabajo, relación u oportunidad, o simplemente salir de esa mala temporada que estamos atravesando, que estamos dispuestos a prescindir de Él. Sin darnos cuenta, podemos interesarnos más en lo que Dios puede hacer por nosotros, que en Dios mismo. Y cuando sentimos que Él no está haciendo nada por nosotros, tendemos a hacerlo por nosotros mismos.

Sin embargo, no quieres más que la voluntad de Dios para tu vida.

Como pastor, observo a las personas moverse por su cuenta todo el tiempo: el hombre que desarraiga a su familia para ganar unos cuantos dólares más; la mujer que continuamente abandona relaciones porque teme sentirse vulnerable; la familia que cambia de iglesia por preferencia u ofensa; la persona que quiere hacer algo bueno en el momento equivocado. No obstante, el hecho de que podamos hacer algo no significa que debamos hacerlo. Me sorprende cuántas veces las personas toman decisiones importantes sin siquiera preguntarle a Dios lo que piensa. Tal vez te haya sucedido. A mí sí.

Aquí está la pregunta que debemos hacernos: *¿Dios me está invitando a seguir o lo estoy decidiendo por mi cuenta?* Recuerda que todo lo que buscas lo encuentras solo donde Él está. "Porque mejor es un día en tus atrios que mil fuera de ellos. Escogería antes estar a la puerta de la casa de mi Dios, que habitar en las moradas de maldad" (Salmos 84:10). El salmista nos recuerda que ser un siervo en la presencia de Dios es mejor que ser un rey solo en este mundo. El corazón de un seguidor de la nube dice: "No me iré sin ti".

Una cosa

Antes de convertirme en el pastor principal, serví en Valley Creek durante cinco años como pastor asociado. Durante ese tiempo, mi único pensamiento era plantar una iglesia. Quería volver al norte y comenzar una nueva iglesia. Había elegido un nombre excelente. Sabía cuál sería nuestra visión y filosofía de ministerio. Soñaba acerca de cómo iba a ser. Incluso tenía gente dispuesta a financiarla. Estaba listo para ir. De modo que, cuando nuestro pastor principal me llevó a su oficina y me pidió que hiciera un compromiso a largo plazo y asumiera el rol de pastor asociado, mi respuesta inicial fue: "Lo siento, pero no puedo. Voy a plantar una iglesia". Bueno, no dije eso, pero ciertamente lo pensé. Lo que dije fue: "Déjame orar al respecto".

Durante los siguientes días, oré y esperaba que Dios estaría de acuerdo con mi gran plan de plantar una iglesia, pero en lugar de eso, escuché claramente al Señor decir: *Johnny, puedo hacer más en dos días, que tú en dos años. ¿Me servirás en el servicio a tu pastor?* No podía creerlo. En lugar de decirme que me fuera, me estaba pidiendo que me quedara. Sentí como si Dios me estuviera diciendo que podía seguir adelante sin Él y luchar durante dos años para tratar de comenzar una iglesia, o esperar con paciencia su tiempo. A veces, tu próximo paso es esperar y, por difícil que sea, esperar en Dios nunca es tiempo perdido.

Así que me quedé cuando todo en mí quería irse. No me quedé porque quisiera, sino porque Dios me lo pidió. Durante los siguientes dos años, la nube no se movió. Y al mirar atrás, eso fue lo mejor que me pudo haber pasado. En mi desesperación por ir, aprendí a ser consciente de Dios en el presente. Durante esa temporada descubrí que Él no solo estaba *a mi favor*, sino que *estaba conmigo*.

A veces, tu próximo paso es esperar y, por difícil que sea, esperar en Dios nunca es tiempo perdido.

Entonces, un día, tan de repente como se había detenido, la nube se movió. Enviaron a nuestro pastor a China como misionero y, casi dos años después del día en que escuché la voz de Dios, me convertí en el pastor principal de la iglesia Valley Creek. Mientras me ponía de pie para predicar a más de mil personas ese primer fin de semana, recordé lo que el Señor me había dicho. En un fin de semana, dos días, me dio más de lo que podría haber logrado en dos años por mí mismo. Y, en lugar de plantar una iglesia, ahora dirijo una iglesia que está plantando iglesias en todo el mundo.

Lo que he aprendido es que seguir la nube siempre es la forma más rápida de llegar a donde te diriges. Dios puede hacer más en dos días que tú en dos años. Aunque a menudo sientes como si te estuviera llevando por el camino más largo, su desvío es más rápido que tu autopista. Si Jesús es el Señor, entonces renuncias al derecho de elegir la dirección de tu vida. La nube irá a la izquierda cuando quieras que vaya a la derecha. Se acelerará cuando quieras que disminuya la velocidad. Y se detendrá cuando estés desesperado por seguir. Lo único predecible de la nube es que es impredecible, pero la vida no se trata de hacer algo o ir a alguna parte, sino de estar *con* alguien, y su nombre es Jesús.

A menudo hablamos de estos grandes y atrevidos pasos de fe, como derrotar gigantes, matar leones y conquistar ciudades (cambiar de carrera, lanzar nuevos ministerios y mudarse a un lugar en el que nunca hemos estado). Sin embargo, a veces los pasos más pequeños son los más difíciles. Ser amable con un extraño, leer la Biblia, *pedir perdón*, elegir la alegría y ser agradecido pueden ser los pasos más difíciles, porque no encontramos ningún sentido en ellos. En realidad, *esperar* a menudo requiere más valor que *ir*. A veces es más difícil confiar en Dios cuando dice *espera*, que confiar en Él cuando dice *ve*. En esos momentos, tenemos que recordar que la vida no se trata de llegar a alguna parte, sino de disfrutar de alguien. Si no disfrutamos de Dios donde estamos, no lo disfrutaremos a donde vamos.

A veces es más difícil confiar en Dios cuando dice *espera*, que confiar en Él cuando dice ve.

Cada paso, ya sea en la espera o en la marcha, está diseñado para mantenernos en desesperada dependencia de lo único que importa: ¡Él! "Una cosa he demandado a Jehová, esta buscaré; que esté yo en la casa de Jehová todos los días de mi vida, para contemplar la hermosura de Jehová, y para inquirir en su templo" (Salmos 27:4). Los seguidores de la nube quieren una cosa: amistad con Dios. De modo que, como Abraham, dicen audazmente: "Aquí estoy", mucho antes que Dios los llame.

Sigue la nube: Vive libre

La mayordomía es importante para Dios. Puede que seas bueno para administrar tus finanzas, talentos y relaciones; pero ¿qué tan bien administras la voz de Dios? Dicho de otra manera, ¿cómo has respondido a lo que Dios te ha dicho en el pasado?

¿Cuál es la última jugada que Dios te llamó a ejecutar en tu vida, la última cosa que te pidió que hicieras? ¿Has ejecutado por completo esa jugada? Si no, ¿quién o qué te está frenando?

VIVIR CON SEGURIDAD

Tengo un hombro derecho famoso. Déjame explicarte.

Me encanta aprender. Siempre estoy buscando oportunidades para crecer y desarrollarme como líder. Creo fervientemente que es nuestra responsabilidad avivar el fuego del don que hay en nosotros. Por eso, cuando un amigo de un amigo me invitó a participar en una mesa redonda con quince líderes de alto perfil, me emocioné. No estoy seguro de cómo o por qué me invitaron, pero estaba agradecido por la oportunidad.

El día del debate, me presenté nerviosamente a cada líder. Me sentía perdido y me preguntaba qué podría contribuir a la conversación. Durante las próximas horas, escuché cómo se debatían una variedad de temas. Al final de la noche, nos tomamos una foto grupal. Yo había tomado cinco páginas de notas en mi diario y me fui lleno de fe. Fue un gran día.

Unas semanas más tarde, después de uno de nuestros servicios de fin de semana, estaba descansando en el sofá viendo fútbol americano. Mientras me desplazaba por Twitter, vi que uno de los hombres había publicado la foto grupal de la mesa redonda. Cuando la abrí, no podía creer lo que vi. ¡Me habían sacado de la foto!

En serio.

Todo lo que podías ver era el borde de mi hombro derecho. Catorce varones y mi hombro derecho.

Seguí mirando mi teléfono y pensé: *¿Es una broma? ¿Me recortaron de la foto? ¿Quién* hace *eso?* Todo en mí quería responder y publicar una foto donde estábamos todos con una leyenda que dijera: "Oigan, aquí está mi otro hombro", pero nadie gana cuando respondes emocionalmente en las redes sociales.

Mientras estaba allí con mis sentimientos heridos, me preguntaba: *¿Por qué me sacaron? ¿Qué pasa conmigo? Supongo que no soy un líder tan bueno. Tal vez no soy suficientemente genial para ser amigo de ellos. Tal vez realmente no encajo en ese grupo.* Sentimientos de insuficiencia y rechazo inundaron mi corazón. Empecé a cuestionar mi aptitud relacional, mi capacidad de liderazgo e incluso mi llamado como pastor. Es increíble cómo algo tan pequeño puede hacerte cuestionar tanto. Mientras estaba teniendo mi propio festín de autocompasión, sentí que el Señor me preguntaba: *¿Por qué te preocupas tanto por lo que piensan de ti? ¿Por qué permites que te hagan cuestionar lo que te he llamado a hacer?* En ese momento, mis inseguridades quedaron expuestas y el Señor me estaba invitando a enfrentarlas.

La inseguridad es una autoconciencia crónica.

Supongo que en algún momento a ti también te ha sucedido. Tal vez no te hayan recortado de una fotografía, pero quizás hayas experimentado sentimientos de rechazo, insuficiencia e inferioridad. Momentos donde tus inseguridades quedaron expuestas. Momentos que te hicieron cuestionar quién eres y quién no eres.

Seamos realistas: la inseguridad nos deja exhaustos. Nos hace compararnos con los demás, dudar de nuestras habilidades, cuestionar nuestro valor y enfatizar demasiado nuestras debilidades. La inseguridad es una autoconciencia crónica. Es la constante evaluación y juicio de uno mismo. La mente insegura está llena de "Debería ser más ___________" o "No soy suficientemente ___________" o "Me gustaría ser como ___________" o "No puedo ___________". Es probable que puedas llenar esos espacios en blanco con bastante facilidad. Sé que yo puedo. Somos muy buenos para fijarnos en nuestros fracasos y defectos, y el mundo es muy bueno para señalárnoslos. Es fácil comparar lo que está mal en nosotros con lo que está bien en todos los demás. Sin embargo, no estamos destinados a vivir *con inseguridades*; sino a vivir *seguros*. En realidad, cada inseguridad en nuestra vida es una atadura que Dios quiere cortar. Y, aunque sea incómodo para nosotros, Él expondrá nuestras inseguridades para que pueda hacernos sentir seguros en Él.

No estamos destinados a vivir *con inseguridades*; sino a vivir *seguros*.

¿Quién soy?

Es difícil leer la Biblia sin llegar a la conclusión de que Dios ama a los que menos posibilidades tienen de lograr algo. Le encanta elegir a las personas más inverosímiles (las personas más inseguras) para lograr sus propósitos. Las últimas personas que elegiríamos, por lo general, son las primeras a las que Él empodera. Jacob fue un engañador; Rahab, una prostituta; Mateo, un recaudador de impuestos, y María, una adolescente. Esas son buenas noticias para nosotros, porque significa que estamos en condiciones de que Dios nos escoja para grandes cosas. Nuestra debilidad nos califica para recibir el poder de Dios.

Cuando Dios escogió a Moisés, un asesino, el que menos posibilidades tenía para liberar a los israelitas, la respuesta de

Moisés fue: "¿Quién soy yo para que vaya a Faraón, y saque de Egipto a los hijos de Israel?" (Éxodo 3:11). Creo que es una reacción justa. Moisés responde a su próximo paso de la misma manera que a menudo lo hacemos nosotros: *¿Quién soy yo para hacer eso?* Cuanto más se consideraba Moisés a sí mismo, más inseguro se sentía. En los siguientes dos capítulos, dio a Dios una lista de excusas por las que no podía hacerlo. "No tengo la credibilidad, no tengo la capacidad y ciertamente no tengo lo que se necesita". ¿Alguna vez te has sentido así? ¿Como si no tuvieras los antecedentes, la educación o la experiencia? ¿Que no tienes los dones, la capacidad o el talento? ¿O crees que simplemente no tienes lo que se necesita? Bueno, no eres el único.

Tendemos a pensar en Moisés como este héroe superespiritual de la fe, pero olvidamos que comenzó como un pastor inseguro. Cuando Dios lo encontró, estaba huyendo de su pasado, escondido en el desierto. No creo que Moisés se diera cuenta de lo inseguro que realmente era. Si hubiéramos podido conocer a Moisés antes de su encuentro con la zarza ardiente, probablemente se habría jactado de cuántas ovejas tenía y de lo asombrosas que eran. Tal vez nos hubiera mostrado los trofeos como el mejor pastor del valle de Madián ganados durante cinco años seguidos. Quizás nos habría mostrado sus sandalias de piel de cordero bebé, que eran las más finas en moda. Nos hubiéramos ido pensando: *Hombre, ese tipo tiene todo bajo control.* Moisés fue muy bueno para ocultar sus inseguridades en las cosas de este mundo, y nosotros también.

De hecho, cuanto más tratamos de hacer que otras personas piensen que lo tenemos todo bajo control, más inseguros somos en verdad. Sin embargo, Dios tiene una manera interesante de lidiar con nuestras inseguridades ocultas. Nos coloca en posiciones que las expongan por completo para que pueda darnos seguridad. Nos dará un trabajo, una situación, una relación, una invitación o una tarea, el próximo paso perfectamente diseñado para exponer nuestras inseguridades, porque nos ama demasiado como para permitir que permanezcamos atados.

¿Alguna vez has escuchado a alguien decir: "Dios no te dará más de lo que puedas soportar"? Bueno, lamento tener que decírtelo, pero eso es mentira. Es una declaración agradable y bíblica, pero no es verdad. Dios siempre te da más de lo que puedes soportar. Moisés no podía soportar enfrentarse al hombre más poderoso sobre la faz de la tierra. Los israelitas no podían soportar ir a la guerra contra una nación de gigantes. Pablo no podía soportar tener que escribir la mayor parte del Nuevo Testamento. Dios les dio mucho más de lo que podían soportar, y hará lo mismo con nosotros. Nos dará tareas más grandes que nosotros mismos para exponer las inseguridades que ni siquiera sabíamos que teníamos para ayudarnos a tomar conciencia de Él.

¿Alguna vez has escuchado a alguien decir: "Dios no te dará más de lo que puedas soportar"? Bueno, lamento tener que decírtelo, pero eso es mentira.

En otras palabras, cada paso que Dios nos indica nos libera de la mayor atadura de todas: nosotros mismos.

Cuando Moisés preguntó: "¿Quién soy yo para que vaya?", Dios le respondió: "Ve, porque yo estaré contigo" (Éxodo 3:12). Es una respuesta fascinante. Al principio parece como si Dios no respondiera la pregunta de Moisés, pero tal vez sí lo hizo. Tal vez su respuesta sea la base de nuestra seguridad. La respuesta de Dios fue: *Moisés, tú eres aquel con quien Yo estoy. Tu seguridad viene de mi presencia en tu vida*. Moisés estaba viendo lo que estaba mal en él en lugar de ver lo que estaba bien con Dios. Mientras estaba frente a la zarza ardiente, seguía concentrado en sus problemas en lugar de concentrarse en la presencia de Dios. Así que, Dios le dijo: *¿Quieres saber quién eres? Tú eres aquel con quien yo estoy. Yo soy el Gran Yo Soy, y seré todo lo que necesites que sea. ¡Lo que te califica para ir soy YO!*

La respuesta de Dios a Moisés no es única. Encontrarás este escenario a lo largo de toda la Biblia. Cuando Dios le da a alguien una tarea más grande de lo que puede soportar, sus inseguridades salen a la luz: *¿Quién soy yo? No puedo hacer eso. Envía a otro. Yo no, Señor.* Y la respuesta de Dios casi siempre es: *pero Yo estaré contigo.* Ya sea que fuera Gedeón, Jeremías o los discípulos, la respuesta de Dios a sus inseguridades era: *Tú eres aquel con quien yo estoy.*

Cuando preguntamos: "¿Quién soy yo para hacer eso?", Dios no responde con cuán grandes *somos*, sino con cuán grande *es Él.* Queremos hablar de lo que está mal en nosotros, pero Dios quiere hablar de lo que está bien con Él. Nosotros queremos decirle a Dios quiénes no somos, pero Él quiere decirnos quién es Él. La presencia de Dios es tu gran calificador. ¡Tú eres aquel con quien Él está!

Jamás solo

Una de las promesas más importantes que Dios nos ha dado es que siempre estará dondequiera que nos pida que vayamos. En otras palabras, Dios nunca nos envía a hacer nada por nuestra cuenta. Incluso su nombre, Emmanuel, significa "Dios con nosotros" (Mateo 1:23). "Y Jehová va delante de ti; él estará contigo, no te dejará, ni te desamparará; no temas ni te intimides" (Deuteronomio 31:8). Dios nos ha dado el regalo más grande de todos: el regalo de sí mismo. Con cada paso que nos pide que demos, promete *ir delante de nosotros.* Su presencia prepara el camino. Abre puertas, suple lo que necesitamos, derrota a nuestros enemigos y nos empodera con su autoridad. La nube trae lo sobrenatural a nuestra naturalidad.

Dios continuamente nos recuerda: "Mira que te mando que te esfuerces y seas valiente; no temas ni desmayes, porque Jehová tu Dios estará contigo en dondequiera que vayas" (Josué 1:9). Su presencia es el antídoto para nuestras inseguridades. Solo su presencia puede eliminar el miedo y el desánimo de nuestra vida. Si Dios está contigo, ¿quién o qué puede ir en contra de ti? Donde está su presencia, allí reside su poder. Lo desconocido no te amedrenta cuando sabes quién está contigo.

En medio de la vida, la pregunta que todos estamos tratando de responder es, ¿de dónde viene nuestra seguridad? ¿Viene de nuestra apariencia, dinero, habilidades, relaciones, condición o desempeño? ¿O viene del Señor? El rey David declaró: "Estos confían en carros, y aquellos en caballos; mas nosotros del nombre de Jehová nuestro Dios tendremos memoria. Ellos flaquean y caen, mas nosotros nos levantamos, y estamos en pie" (Salmos 20:7-8). La inseguridad es confiar en otra persona u otra cosa que nos da seguridad. Y, aunque otras cosas pueden traernos confianza temporal, ¿qué sucede cuando no nos vemos más así, cuando el dinero se acaba, cuando nuestro título cambia o cuando nos recortan de una fotografía? Nuestra seguridad está determinada por la fiabilidad de aquello en lo cual confiamos. Por lo tanto, lo único que nos da seguridad es *el Único* que nunca cambia.

Gustar y ver

Para la mayoría de nosotros, no es hasta que queda expuesta nuestra incapacidad, que comenzamos a buscar a Aquel que es capaz. Por lo tanto, cada paso que Dios nos indica es una invitación a ser conscientes de su presencia. La verdadera pregunta no es: *¿Está Dios con nosotros?*, sino: *¿Somos conscientes de su presencia?* No obstante, lamentablemente, muchos de nosotros no sabemos mucho acerca de la presencia de Dios. Nadie nos ha enseñado nunca al respecto, por lo que no estamos realmente seguros de si alguna vez lo hemos experimentado. Es fácil decir: "Dios está conmigo", como teoría o por conocimiento intelectual; pero la presencia de Dios no es información para saber, sino una persona para experimentar, y su nombre es Jesús.

La presencia de Dios es simplemente *nuestra conciencia de que Él está con nosotros y que se está revelando a nosotros*. Y necesitamos despertar a su presencia personal en nuestra vida. Estas son algunas de las formas en que se nos invita a experimentar su presencia.

Su presencia nos mantiene unidos. "Mantiene unida toda la creación" (Colosenses 1:17, NTV). La presencia de Dios, literalmente, mantiene unida la fibra y el tejido del universo. En este momento, su presencia mantiene unidas las células, las moléculas y los átomos de nuestro cuerpo. Este libro que tienes en la mano subsiste por Él. Cuando sientes que tu trabajo, tu matrimonio o las circunstancias se están desmoronando, *¿eres consciente* de que su presencia mantiene unida tu vida?

Su presencia nos rodea. "¿A dónde me iré de tu Espíritu? ¿Y a dónde huiré de tu presencia?" (Salmos 139:7). Dios va delante de nosotros, está detrás de nosotros y a nuestro alrededor. No hay lugar al que podamos ir lejos de su presencia. Ya no estamos perdidos porque Él declara que nos ha encontrado. Cuando estás dando tu próximo paso, *¿eres consciente* de que su presencia ya ha ido delante de ti para preparar el camino?

Su presencia está dentro de nosotros. Jesús "sopló, y les dijo: Recibid el Espíritu Santo" (Juan 20:22). Como seguidores de Jesús, tenemos el Espíritu del Dios vivo, que mora en nosotros.

El mismo poder que conquistó la muerte reside dentro y sobre nosotros. En ningún momento de la vida estamos solos. Cuando estás en una situación donde necesitas sabiduría, guía o poder, *¿eres consciente* de que su presencia está, literalmente, dentro de ti para darte todo lo que necesitas?

Su presencia está en nuestras relaciones piadosas. "Porque donde están dos o tres congregados en mi nombre, allí estoy yo en medio de ellos" (Mateo 18:20). Jesús dice que cuando nos reunimos con otros creyentes, Él está con nosotros. Cada vez que nos reunimos en un grupo pequeño, o en un equipo de servicio, o nos reunimos intencionalmente con otros creyentes, hay un indicador inigualable de la presencia de Dios entre nosotros. Es como si el mismo Jesús acercara una silla a la mesa. Cuando te reúnes con tus relaciones piadosas, *¿eres consciente* de que Jesús mismo ha venido a traer consuelo, compasión y esperanza?

Su presencia es tangible en nuestra adoración. Dios está "entronizado en las alabanzas de Israel" (Salmos 22:3, NTV). Dios siempre viene dondequiera que sea bienvenido. Cuando nos reunimos como comunidad de creyentes, nuestra adoración crea un trono para Jesús en el ámbito espiritual. Nuestra alabanza colectiva edifica un trono para Jesús y lo invita a tomar su lugar como rey sobre nuestras vidas. Él viene a gobernar y reinar sobre nuestras circunstancias, miedo, dolor y quebranto. Cuando adoras, *¿eres consciente* de que tu alabanza te lleva a la sala del trono celestial?

La presencia de Dios es el mayor agente de cambio del universo, porque "donde está el Espíritu del Señor, allí hay libertad" (2 Corintios 3:17). Necesitas más que una comprensión cognitiva de su presencia; necesitas una experiencia. Puedes saber intelectualmente que Dios está contigo sin siquiera experimentar su presencia, por lo que estás invitado a "[gustar], y [ver] que es bueno Jehová" (Salmos 34:8). Dios dio a los israelitas su presencia constante a través de la nube para que en cualquier momento pudieran mirar hacia arriba y ver su fidelidad, gustar su provisión, sentir su poder y experimentar su bondad. La nube nunca abandonó a los israelitas, y nunca te abandonará a ti. Que puedas despertar a su presencia y proclamar: "Ciertamente Jehová está en este lugar, y yo no lo sabía" (Génesis 28:16).

La fe es la creencia de que Dios está aquí incluso cuando no puedes sentirlo.

Entonces, ¿puedes dejar este libro, cerrar los ojos y darte cuenta de que *ÉL está contigo ahora mismo*? Y si Él está aquí, entonces toda la sabiduría, el consuelo, el amor y el poder del cielo también están aquí. Quédate quieto y reconoce que Él es Dios. Su presencia es más grande que tus circunstancias.

Tomar conciencia de lo que importa

Hasta hace poco, siempre había creído que cuando Dios sacó a los israelitas de Egipto, se dirigía directamente a la tierra prometida. Después de cuatrocientos años de esclavitud, uno pensaría que todos, incluido Dios, estarían un poco ansiosos por llegar allí. Sin embargo, el primer lugar al que los condujo no fue a la tierra prometida, sino al monte Sinaí y los invitó a adorarlo.

"Esto dice el Señor: 'Israel es mi primer hijo varón… *deja salir a mi hijo para que pueda adorarme*'" (Éxodo 4:22-23, NTV). Dios quería que disfrutaran del Dador de las promesas antes de disfrutar de sus promesas. En su sabiduría, sabía que, si iban a la tierra prometida sin un corazón adorador, convertirían sus promesas en ídolos, y así, sin querer, se esclavizarían otra vez. Por lo tanto, Dios hizo todo lo posible para atraerlos a Él no por su propio bien, sino por el bien de ellos. "Vosotros visteis lo que hice a los egipcios, y cómo os tomé sobre alas de águilas, y os he *traído a mí*" (19:4). Y ha hecho lo mismo por nosotros. Como hizo con los israelitas, Dios siempre nos está invitando a adorarlo, porque la adoración nos mantiene libres.

Una de mis preocupaciones sobre la iglesia de hoy es que hemos enfatizado demasiado el sermón y subestimado la presencia de Dios. Como un reloj, cada fin de semana, los centros de adoración de todo el país se llenan de personas alrededor de la tercera canción. Hay una creencia sutil de que mientras lleguemos al servicio a tiempo para el sermón, cumplimos con ir a la iglesia. Llegamos tarde y nos saltamos la "adoración", porque la presencia de Dios a menudo tiene poco o ningún valor para nosotros. Sé que estamos ocupados: es difícil preparar a nuestros hijos; tal vez tuvimos una semana larga y están pasando por televisión el partido de nuestro equipo favorito, pero siempre haremos tiempo para lo que más valoramos. El objetivo de la iglesia no es entretenernos con un sermón, sino encontrar al Dios vivo. Si no nos reunimos con Dios, no hemos cumplido con *ir a la iglesia*. El sermón no es lo principal; es Jesús. Demasiadas veces, disfrutamos lo que Dios hace por nosotros sin disfrutar a Dios mismo. Y si los sermones fueran suficientes, la iglesia estadounidense sería la iglesia más sana y madura de toda la historia.

Siempre le digo a nuestra iglesia: "Si sus vidas están tan ocupadas que no pueden estar aquí para un servicio de sesenta y cinco minutos, los animo a llegar a tiempo para la adoración y salir temprano en lugar de llegar tarde y quedarse para el sermón". Si estamos tan ocupados que no tenemos sesenta y cinco minutos para reunirnos con Dios, no necesitamos otro sermón, sino adoración. No necesitamos más contenido, sino más conexión. Y eso es lo que hace la adoración: la adoración vuelve a conectar el corazón a la deriva con el Ancla de nuestras almas. Cuando adoramos, nos liberamos de nuestras inseguridades, porque aprendemos a tomar conciencia de Aquel que está con nosotros. Solo el corazón que adora a Jesús vive libre. Solo el corazón que adora tiene fe para seguir la nube.

La dádiva de la desesperación

Por alguna razón, la gente tiende a pensar que los pastores son diferentes al resto del mundo. Así que a menudo me río de las cosas ridículas que la gente me dice como, por ejemplo: "¡Qué bueno trabajar solo un día a la semana!" y "¿Cómo es que Dios responde todas tus oraciones?". Ahora, el que realmente me molesta es: "¡Qué fácil es para ti subir y predicar!". ¿En serio? ¡Vamos hombre! Ven a estar conmigo durante una semana. Todos los domingos tengo que levantarme y hablar a miles de personas en diferentes instalaciones y varios servicios. Tengo seis días para preparar algo nuevo que sea ungido, relevante, interesante y divertido. Moisés tuvo cuarenta días en la montaña para regresar con su sermón; yo tengo seis.

Sin duda, la predicación es una de las cosas más difíciles de mi vida. Mi mayor temor cuando era niño era leer en voz alta en público. Todos los días en la escuela tenía miedo de que el maestro me llamara para leer en frente de la clase, porque tenía un problema de tartamudeo. En mi nerviosismo, pronunciaba mal casi todas las palabras mientras toda la clase se reía. De hecho, una de las peores calificaciones que obtuve fue en la clase de predicación del seminario. Es reconfortante, ¿no? Y para colmo, soy introvertido. Los grandes grupos de personas me abruman. Prefiero los bosques y la soledad a las plataformas y las multitudes.

Así que todas las semanas es el mismo ciclo: *Dios, no sé qué decir. No puedo hacer esto. Esto es demasiado para mí. Envía a otro para que lo haga. La predicación es más de lo que puedo soportar.* Sin embargo, recuerda que ya dijimos que Dios nos colocará en situaciones perfectamente diseñadas para exponer nuestras inseguridades. De modo que cada fin de semana, cuando subo a la plataforma, me veo obligado a confiar en Él, porque sé que no tengo lo que se necesita. En lugar de confiar en mi habilidad, tengo que confiar en su poder. En lugar de concentrarme en mis luchas, tengo que buscar su fortaleza. Cada semana tengo que hacer un alto y tomar consciencia de que *Él está conmigo.* Mi asignación me libera de mí mismo y permite que su poder fluya a través de mi vida. Una de las cosas más difíciles de mi vida es, en realidad, uno de los mayores regalos, porque me mantiene en desesperada dependencia de Jesús.

Si bien es posible que Dios no te pida que confrontes a Faraón o que prediques todos los fines de semana, te pedirá que hagas algo que te lleve a preguntarte: *¿Quién soy yo para hacer eso?* Dios no necesitaba a Moisés para liberar a los israelitas. No me necesita a mí para predicar el evangelio. Y no necesita que des el paso que te invita a dar. Sin embargo, nos invita a seguirlo para que seamos cada vez más conscientes de Él. Los próximos pasos no nos necesitan a nosotros; nosotros los necesitamos. Y es solo en el paso que no crees poder dar donde descubres que Él es más grande que tus inseguridades.

Tesoro y barro

¿Recuerdas cuando Jesús invitó a Pedro a caminar sobre el agua? Esa tiene que ser una de las mejores historias de los Evangelios. Mientras Jesús caminaba tranquilamente junto a la barca de los discípulos en medio del lago, Pedro, de la única manera que podía, dijo: "Señor, si eres tú, manda que yo vaya a ti sobre las aguas. Y él dijo: Ven" (Mateo 14:28-29). ¡Qué próximo paso! Y en ese momento, Pedro tuvo una de las mejores experiencias de su vida. Mientras el resto de los discípulos permanecían cómodos en la barca, Pedro miró fijamente a Jesús en medio de lo desconocido. Los discípulos estaban tan concentrados en su incapacidad de desafiar la física, que permanecieron dentro de la seguridad de la barca. Sin embargo, como los ojos de Pedro estaban fijos en el Autor y Consumador de la fe, las etiquetas y los límites de este mundo ya no lo definían. Hizo lo imposible. Sí, Pedro tambaleó y se mojó un poco, ¡pero caminó sobre el agua! Jesús no dejó que se hundiera.

Y tampoco dejará que tú te hundas.

El lugar más seguro para estar es donde dependas desesperadamente de Jesús.

El lugar más seguro para estar es donde dependas desesperadamente de Jesús. Siempre es más seguro caminar sobre el agua con Jesús que quedarse en la barca sin Él. Por eso, Dios siempre te está invitando a *ir*. Él quiere que salgas de tu barca segura hecha por el hombre y camines sobre tus inseguridades; que enfrentes tus mayores temores mirándolo a la cara.

En los momentos cuando pensamos que nos hundiremos es cuando descubrimos que su presencia nos da la fuerza para estar de pie. A la nube le encanta llevarnos a donde nunca hemos estado antes para que podamos pasar de la autoconciencia a la conciencia de Dios. La visión de Dios para tu vida es tan grande que te obliga a estar desesperado por su presencia. De hecho, si no estás desesperado por su presencia, tu vida es demasiado insignificante. Si puedes hacer todo en tu vida por tu cuenta, probablemente no estés siguiendo la nube. Al igual que Moisés, es posible que estés ocultando tus inseguridades en las cosas de este mundo, porque a menudo es más fácil ocultar nuestras inseguridades permaneciendo en los espacios que podemos controlar, que seguirlo a lo desconocido. Sí, es posible que te mojes un poco, pero hasta que no camines sobre tus inseguridades con Él, aún tienes que experimentar la plenitud de la libertad que Él ofrece.

No sé tú, pero yo prefiero caminar sobre el agua y mojarme que ser un escéptico seco en la barca.

Nunca creerás que Dios es todo lo que necesitas hasta que Dios sea todo lo que tienes.

Así que mi pregunta para ti es, ¿a qué te está invitando Dios que crees no poder hacer? Tal vez sea: *No puedo criar a este niño. No puedo seguir en esta temporada. No puedo ser un líder. No puedo testificar de mi fe. No puedo hacer este cambio. No puedo hacer esto, ir allí o decir aquello*. Cuando dices "no puedo" es cuando más claramente lo oirás decir: *Estoy contigo*. Su gracia te basta, y su poder se perfecciona en tu debilidad. "Pero tenemos este tesoro en vasos de barro, para que la excelencia del poder sea de Dios, y no de nosotros" (2 Corintios 4:7). Ha puesto su tesoro en tu barro. Nuestro quebranto nos hace creer que no estamos calificados o que no tenemos lo que se necesita. Y, aunque eso puede ser cierto, Él lo está y tiene todo lo que se necesita.

Nunca creerás que Dios es todo lo que necesitas hasta que Dios sea todo lo que tienes.

Sigue la nube: Vive libre

La gracia de Dios nos coloca en situaciones que exponen por completo nuestras inseguridades. ¿En qué dos o tres áreas de tu vida te sientes incapaz en este momento y qué inseguridades sacan a la superficie?

¿Qué está tratando de decirte Dios para darte la seguridad que necesitas?

Dios está con nosotros. Eso no es solo una información; es la realidad. ¿En qué has sido consciente de su presencia en tu vida en el último tiempo? ¿Dónde has "gustado y visto" que Dios es bueno?

¿Has hablado de eso con algún familiar, amigo, cónyuge, hijo? Si no, considera testificar de la verdad de Emmanuel: Dios con nosotros.

Sección 4

MANIFESTAR SU REINO

QUIEN ERES DETERMINA LO QUE HACES

10

CÓMO MATAR A UN GIGANTE

Poco a poco los echaré de delante de ti, hasta que te multipliques y tomes posesión de la tierra

—Éxodo 23:30

Los gigantes nunca tuvieron una oportunidad de ganar.

La verdad es que nunca la tienen. Y, después de cuarenta años de seguir la nube, los israelitas finalmente lo creyeron. Los gigantes, que en ese momento habitaban la tierra prometida (ver Números 13:26-33), habían sido derrotados en el mismo instante en que Dios prometió la tierra a Abraham cientos de años antes, porque ningún enemigo puede oponerse a las promesas de Dios. Independientemente de lo fuerte que pudieran bramar los gigantes, ya habían perdido la batalla antes que comenzara.

Me pregunto cómo habría sido para los israelitas ver la tierra prometida a través del río Jordán. Un enemigo impotente ocupaba su hogar. Ocupantes ilegales, que empuñaban nada más que el arma del miedo, estaban infringiendo los derechos de su herencia. Todo lo que los israelitas tenían que hacer era, por la fe, tomar posesión de lo que Dios ya les había dado: "Yo os he entregado… todo lugar que pisare la planta de vuestro pie" (Josué 1:3), pero ya habían estado en esa orilla una vez antes. Lamentablemente, la duda y la incredulidad convirtieron un viaje de dos años en uno de cuarenta.

A veces nos toma tiempo creer en la bondad de Dios.

Sin embargo, Dios es un Dios de segundas oportunidades, y esta vez las cosas fueron diferentes. A lo largo de los años, la nube los llevó a descubrir que eran hijos amados de un Padre bueno. Maná del cielo, agua de una roca, protección en el desierto, sanidad de enfermedades: cada paso ayudó a cambiar su forma de pensar acerca de quiénes eran y quién era Dios. Cuando recibieron su identidad y experimentaron la bondad del Padre, finalmente tuvieron la fe para seguir. La fidelidad de Dios en el pasado les dio la fe que necesitaban en el presente. En lugar de mirar el tamaño de los gigantes, esta vez se concentraron en el tamaño de su Dios. Era hora de que dieran un paso hacia su propósito, destruir las obras de las tinieblas y manifestar el reino de Dios en toda la tierra. Y la misma invitación es para nosotros.

A veces nos toma tiempo creer en la bondad de Dios.

Siempre ha sido el plan de Dios que el hombre, hecho a su imagen y semejanza, gobierne sobre la creación. Somos la autoridad delegada de Dios en la tierra. Él nos ha facultado para gobernar y reinar en su nombre: "Y los bendijo Dios, y les dijo: Fructificad y multiplicaos; llenad la tierra, y sojuzgadla [con el uso de sus vastos recursos al servicio de Dios y del hombre]" (Génesis 1:28). Dios nos ha ordenado *ser fructíferos*: llevar las cosas a la plenitud de su potencial; *multiplicarnos*: reproducir la vida de Dios en quienes nos rodean; *llenar la tierra*: saturar nuestras áreas de influencia con el conocimiento de la gloria de Dios; *sojuzgar al mundo*, manifestar la bondad, el orden y el diseño de Dios en el caos que nos rodea; y *usar nuestros recursos*: hacer realidad los propósitos de Dios en la vida del hombre.

Estamos en una misión no *para Él*, sino *con Él* como colaboradores. A medida que descubrimos quiénes somos nosotros y quién es Dios, encontramos la fe para hacer aquello para lo cual fuimos creados. Nuestra identidad restaurada libera un propósito renovado dentro de nuestro corazón. El perdón de Jesús siempre nos lleva a participar en la misión de Dios. En lugar de esforzarnos por construir nuestros propios pequeños reinos sobre cimientos de arena movediza, se nos invita a una vida superior en la que manifestamos su reino sobre el cimiento de la Roca.

Al vislumbrar el horizonte de tu vida, Dios te llama, como a los israelitas, a destruir a los gigantes de las tinieblas que ya han sido derrotados. Y los gigantes de la enfermedad, la desesperación, la pobreza, el caos, el quebranto y el mal no tienen ninguna posibilidad de ganar. Has sido empoderado con amor para enfrentar el temor. Así que no permitas que los invasores te roben tu herencia. Recuerda que no estás luchando *por* la victoria; estás luchando *desde* la victoria. De hecho, Jesús dijo: "Toda potestad me es dada en el cielo y en la tierra. Por tanto, id, y haced discípulos a todas las naciones" (Mateo 28:18-19). Si Jesús tiene *toda* la autoridad, los gigantes no tienen *ninguna*. Por medio de ti, Dios ha destinado *que venga su reino, que se haga su voluntad en la tierra como en el cielo* (ver Mateo 6:10). Por tanto, ¿qué esperas?

Abre el tesoro

Cuando era niño, me encantaba coleccionar llaves. Siempre había algo misterioso en un anillo lleno de llaves viejas. Cuanto más antigua era la llave, más me intrigaba. Creía que cada llave tenía el potencial de abrir habitaciones ocultas y tesoros secretos. Aunque mis llaves quizás eran solo para viejas cajas de herramientas y armarios de almacenamiento, todavía me confería algo de poder tenerlas en la mano. Eso se debe a que las llaves tienen el poder de manifestar lo invisible. Están llenas de un tremendo potencial, porque las llaves representan autoridad y acceso.

Imagina que te diera una llave de mi casa. Al entregarte mi llave, te daría autoridad para acceder cuando quieras a todo lo que hay en mi casa. Podrías abrir mi puerta, entrar, descansar en mi sofá, sacar algo de mi refrigerador, jugar con mis elementos de lacrosse o usar mi equipo de caza. Si te he confiado mis llaves, tienes plena autoridad para acceder a lo que me pertenece.

Jesús dijo: "Y a ti te daré las llaves del reino de los cielos; y todo lo que atares en la tierra será atado en los cielos; y todo lo que desatares en la tierra será desatado en los cielos" (Mateo 16:19). Cuando Jesús nos dio las llaves del reino, nos dio autoridad para acceder al cielo y traerlo a la tierra. Nos dio acceso ilimitado a lo que le pertenece. Como sus seguidores, tenemos autoridad para manifestar sabiduría, compasión, sanidad, amor, esperanza, poder y los recursos del cielo en cualquier situación; pero necesitamos fe para usar la autoridad que se nos ha dado. Nuestra identidad la recibimos, pero nuestra autoridad la debemos ejercer. Sus llaves no son para que estén en nuestros bolsillos; son para usarlas. Toda la creación espera ansiosamente que los hijos de Dios usen las llaves que abren los tesoros del cielo, pero nuestra voluntad de usarlas siempre está basada en nuestra revelación de quiénes somos.

Por ejemplo, mi hijo confía en su identidad como mi hijo y en nuestra relación juntos, por eso nunca duda en usar lo que me pertenece: "Oye, papá, mi amigo Chad tiene hambre. Voy a darle algo de comer". "Papá, usé tus herramientas para arreglar mi bicicleta". "Papá, le di tu Gatorade al basurero porque parecía que tenía sed". Mi hijo cree que todo lo que tengo está disponible para él, de modo que espera usar mis recursos para servir a los que están a su alcance. Lo mismo sucede con nosotros.

Cuando tenemos confianza en nuestra identidad y nuestra relación con el Padre, tenemos fe para manifestar su reino: "Papá, mi amigo está enfermo. Vamos a sanarlo". "Papá, usé tus cosas para suplir lo que necesitan esas personas desvalidas". "Papá, esta es una situación desesperante, así que voy a dar un poco de tu amor". Dios es nuestro Padre, nuestro Papá, y nos ha dado sus llaves. Es hora de usarlas para servir al mundo.

Enviado al mundo

Si sigues la nube, descubrirás rápidamente que siempre te lleva a situaciones en las que necesitarás las llaves del reino. De hecho, al final de su vida, Jesús oró: "No ruego que los quites del mundo, sino que los guardes del mal. No son del mundo, como tampoco yo soy del mundo... Como tú me enviaste al mundo, así yo los he enviado al mundo" (Juan 17:15-16, 18). Está bien, espera un segundo... ¿Eso está realmente en la Biblia? ¡Pensé que debíamos escondernos en nuestra burbuja cristiana hasta que Jesús regresara! ¿Estás seguro de que Jesús quiere enviarnos al mundo? ¿No es peligroso eso?

Ese versículo va en contra de lo que muchos de nosotros pensamos que diría Jesús. A menudo estamos tratando de salir del mismo mundo al que Él nos está enviando, pero ese no es el punto. El objetivo del cristianismo no es llevarnos al cielo algún día, sino traer el cielo a la tierra hoy.

La nube nos lleva al mundo para manifestar la bondad de Dios.

Jesús dijo: "Como me envió el Padre, así también yo os envío" (Juan 20:21). Hemos subestimado drásticamente la profundidad de su declaración. No somos enviados para ser buenos religiosos que se pasan la vida evitando el mal. Hemos sido enviados como hijos amados con el poder que nos ha concedido nuestro Padre para destruir las obras del diablo, traer el cielo a la tierra y revelar el amor de Dios a un mundo lleno de temor. Al igual que Jesús, estamos ungidos para hacer lo inesperado dondequiera que estemos.

Al igual que Jesús, estamos ungidos para hacer lo inesperado dondequiera que estemos.

Somos ungidos: Jesús dijo: "El Espíritu del Señor está sobre mí, por cuanto me ha ungido" (Lucas 4:18). El Espíritu Santo ungió a Jesús, el Hijo del Hombre, para hacer cosas grandes y poderosas. Sin embargo, cuando miramos el ejemplo de Jesús, a menudo nos parece inalcanzable. Es fácil pensar: *claro, por supuesto que podía hacer esas cosas; Él era el Hijo de Dios.* Sin embargo, lo que olvidamos es que Jesús realizó todos sus milagros como un hombre humano ungido por el Espíritu del Dios vivo. Hechos 10:38 señala: "cómo Dios ungió con el Espíritu Santo y con poder a Jesús de Nazaret, y cómo este anduvo haciendo bienes y sanando a todos los oprimidos por el diablo, porque Dios estaba con él". Jesús anduvo por esta tierra como un hombre lleno del Espíritu. Incluso dijo: "No puede el Hijo hacer nada por sí mismo" (Juan 5:19). Su poder venía de la unción del Espíritu Santo, no de su naturaleza divina.

¿Sabes lo que eso significa? La misma unción y poder que tenía Jesús ahora está disponible para nosotros. A medida que el mismo Espíritu Santo nos llena, nos empodera para caminar en el poder sobrenatural y el carácter de Jesús, que dijo: "De cierto, de cierto os digo: El que en mí cree, las obras que yo hago, él las hará también; y aun mayores hará" (Juan 14:12). Dios no te pedirá que hagas algo para lo cual no te ha dado el poder, así que, si te envía como Jesús, te unge como a Él.

Para hacer lo inesperado: Dondequiera que Jesús iba, hacía lo inesperado. Entró a la vida de las personas y les mostró el amor de Dios. Tocó al leproso que estaba obligado a vivir en las afueras del pueblo. Jugó con los niños que habían echado a un lado. Abrazó a la mujer pecadora que estaba llena de vergüenza. Manifestaba el *espíritu opuesto* a cualquier espíritu que estuviera obrando en cada situación.

Si había odio, manifestaba amor. Si había miedo, manifestaba fe. Si había desesperación, manifestaba esperanza. Si había caos, manifestaba paz. ¿Por qué? Porque las tinieblas se vencen con el espíritu opuesto. El amor vence al odio. La fe vence al miedo. La esperanza vence a la desesperación. La paz vence al caos. Jesús dijo: "Id; he aquí yo os envío como corderos en medio de lobos" (Lucas 10:3). Aunque eso pueda sonar aterrador, en el reino de Dios, el cordero siempre vence al lobo. Un bebé en un pesebre venció a todo el reino de las tinieblas. Un hombre en una cruz conquistó el pecado, la muerte y la tumba.

Como Jesús, somos enviados a este mundo con el espíritu opuesto para hacer lo inesperado. Somos sal y luz que trae sabor a un mundo sin sabor y luz en la oscuridad total. Si tu jefe te ofende, en lugar de juzgarlo, Jesús te envía a servir a esa persona. Si estás decepcionado con tu cónyuge, en lugar de señalarle sus defectos, dale ánimo. Si hay una persona mala en tu vida, en lugar de responder con ira, acércate con el espíritu opuesto de bondad. Jesús te envía a hacer lo inesperado.

Durante la mayor parte de su vida, Sharon vivió un estilo de vida contrario al cristianismo. Debido a la discrepancia pública entre su estilo de vida y el cristianismo, la mayoría de las experiencias que ha tenido con los cristianos han estado llenas de juicio y condena. Así que odiaba a los cristianos y odiaba a Cristo.

Un día, después de una cita médica de rutina, le diagnosticaron cáncer y la tuvieron que hospitalizar de inmediato. Lamentablemente, debido a que su vida estaba llena de relaciones rotas, no tenía a nadie que la cuidara durante el tratamiento. La soledad es un dolor que el corazón humano nunca debió conocer.

Así que cuando Jenny, una mujer de nuestra iglesia que trabajaba con Sharon, se enteró de lo sucedido, fue a visitar a Sharon al hospital. A Sharon siempre le había disgustado Jenny porque sabía que era cristiana. Puedes imaginar la incomodidad de esa primera visita cuando Jenny entró. Sharon estaba acostada en su cama de hospital esperando el discurso de juicio que había escuchado de tantos otros antes. En cambio, Jenny entró con flores y globos y dijo: "Siento mucho que estés enferma. Te extrañamos en el trabajo".

Durante los siguientes meses, Jenny visitó a Sharon todas las semanas. Le llevaba comida, café recién hecho y revistas. Hablaban, se reían y se contaban sus historias. Después de unos meses, el cáncer de Sharon entró en remisión y le dieron de alta del hospital. Cuando llegó a casa, llamó a Jenny, la única amiga que tenía, y nerviosamente le preguntó: "¿Estaría bien si te acompaño a la iglesia la próxima semana? Me gustaría aprender acerca de *tu* Jesús". Es asombroso ver cómo la amabilidad puede ablandar incluso los corazones más duros. Así que Sharon, que odiaba a los cristianos, ahora es uno de ellos, porque una persona tuvo el valor de llevar el espíritu opuesto de amor y hacer lo inesperado.

Dondequiera que estemos: Jesús cumplió su misión dondequiera que estuvo. Hizo lo inesperado en los caminos, en los hogares, en el templo, en el desierto, en el agua y en la tumba. El Espíritu Santo estaba con Él, de modo que llevó el reino del Padre a dondequiera que iba. Lo mismo sucede contigo.

Tu ministerio está dondequiera que estés. Eres un soldado encubierto, un agente del reino de los cielos, enviado detrás de las líneas enemigas con la unción para hacer lo inesperado. La identidad que asumes es tu trabajo, tu escuela, tu puesto, tu familia o tu temporada actual. Tu asignación te da un acceso único para llevar la vida de Dios a las personas de este mundo.

Si eres repartidor, cada día Dios te envía por toda la ciudad para llevar su esperanza a las personas desesperadas. Si eres maestro, cada día tienes autoridad para hablar de la vida, creer lo mejor e invertir en niños que tienen hogares rotos y corazones heridos. Si eres una persona de negocios, cada día puedes mostrar al mundo que los caminos de Dios son mejores que los caminos del hombre. Si eres una madre que se queda en casa, puedes ir a parques, juegos, actividades, escuelas y vecindarios con el poder de llevar tu paz al caos que te rodea. No solo estás haciendo un trabajo; estás manifestando su reino. "Yo os he entregado… todo lugar que pisare la planta de vuestro pie" (Josué 1:3).

¡Todos los días debes recordar que *estás ungido para hacer lo inesperado donde sea que estés*! "Mayor es el que está en vosotros, que el que está en el mundo" (1 Juan 4:4). En otras palabras, el reino que está en ti es superior a los gigantes que te rodean. Eres embajador de Dios, enviado con su autoridad para representar o volver a presentar su amor a un mundo desesperado. Sin embargo, no puedes dar lo que aún no has recibido. "Nosotros le amamos a él, porque él nos amó primero" (1 Juan 4:19). Solo cuando creas que eres amado como lo es Jesús, tendrás la fe para ser enviado como lo fue Jesús.

Las grandes cosas comienzan pequeñas

Cuando hablamos de nuestro propósito, el tema del destino suele entrar en la conversación; pero no creo que sepamos qué hacer realmente con esa palabra. Me refiero a ¿cuándo fue la última vez que pensaste en tu destino? Vemos películas, oímos historias inspiradoras y escuchamos sermones que retratan al destino como algo que está más allá de nuestro alcance. Y cuando esa gran palabra se dice sin cuidado, a menudo trae consigo una sensación de desesperanza porque muchos de nosotros sentimos que ya hemos perdido el nuestro. Los trabajos promedio, las familias en apuros y las rutinas sin sentido, por supuesto, no parecen destinos inspiradores.

Ahora bien, tal vez lo hemos complicado demasiado. El destino no consiste en descubrir el mañana, sino en caminar con Dios hoy. No es un destino; es un modo de vida. Tu destino se encuentra en mil pequeños pasos, no en un gran salto. No se trata de un momento de favor divino, sino de una vida de confianza en Dios. El destino es aprovechar las oportunidades divinas que se presentan todos los días. Cada vez que entramos en espacios que glorifican a Dios y despiertan nuestro corazón, estamos viviendo nuestro destino. "Porque yo sé los pensamientos que tengo acerca de vosotros, dice Jehová, pensamientos de paz, y no de mal, para daros el fin que esperáis" (Jeremías 29:11). El plan de Dios es que abraces el presente, lleno de esperanza para el futuro.

El destino no consiste en descubrir el mañana, sino en caminar con Dios hoy.

Por ejemplo, David no se despertó un día y decidió ir a matar a Goliat. Toda su vida se había estado preparando para ese momento. Durante años, fue fiel en dar cada paso que se le presentaba. Aprendió a pensar como un asesino de gigantes mucho antes de matar a uno. "David respondió a Saúl: Tu siervo era pastor de las ovejas de su padre; y cuando venía un león, o un oso, y tomaba algún cordero de la manada, salía yo tras él, y lo hería, y lo libraba de su boca... Fuese león, fuese oso, tu siervo lo mataba; y este filisteo incircunciso será como uno de ellos" (1 Samuel 17:34-36). En cada situación, David tuvo la fe para manifestar la bondad de Dios. Fue fiel, *lleno de fe*, en los pequeños pasos, por eso Dios le encomendó pasos más grandes. Ya sea al someterse a su padre, servir como un humilde pastor, matar a un león o perseguir a un oso, todos esos pasos, que parecían no tener conexión, al final lo llevaron al campo de batalla con Goliat. David entendió que el destino no es un momento épico en el tiempo, sino una forma de vida. Su voluntad de aceptar el hoy lo posicionó para encontrar el mañana.

Si bien todos queremos convertirnos en asesinos de gigantes, no estamos seguros de querer dar los pasos que nos preparan para la batalla. Sin embargo, decir "no" al hoy es decir "no" al futuro. Los asesinos de gigantes siempre empiezan como humildes pastores. En lugar de quejarse de sus circunstancias, las aceptan. Al dar una hojeada a lo largo de la Biblia, encontramos que todos los líderes importantes fueron fieles en lo *poco* bastante antes que se les confiara *mucho*. Josué fue siervo de Moisés durante cuarenta años, Nehemías fue copero del rey, Timoteo fue ayudante de Pablo, y Jesús fue carpintero durante treinta años. Todos los días, llevaban la bondad de Dios a sus asignaciones presentes. Veían el propósito del reino donde otros veían una tarea rutinaria.

Tal vez podamos aprender de su ejemplo.

Las grandes personas aceptan tareas pequeñas, porque las tareas pequeñas producen grandes personas. Es solo en la pastura donde Dios puede prepararte para el palacio. No importa si eres una madre que se queda en casa, un estudiante, un desempleado o estás en un trabajo que te encanta o en una temporada que no puedes soportar, tu destino es manifestar su reino aquí y ahora.

Las grandes personas aceptan tareas pequeñas, porque las tareas pequeñas producen grandes personas.

El efecto dominó de la fe

Piensa en lo siguiente: el cielo viene a la tierra con cada paso que das. El cumpleaños número ocho de mi amigo Kyle es un excelente ejemplo.

Cada año, la celebración de su cumpleaños era muy especial, porque los médicos habían dicho que nunca pasaría el primero. Kyle nació con parálisis cerebral y una serie de trastornos genéticos, que lo dejaron confinado a una silla de ruedas.

Una de las muchas dificultades que enfrentaba la familia de Kyle era acomodarlo junto a su silla de ruedas en su vieja camioneta de trescientos mil kilómetros, sin aire acondicionado en el calor de Texas. Y sin manera de hacer que Kyle entrara y saliera cómodamente de la camioneta, la vida diaria era muy difícil; pero ese año le esperaba un regalo de cumpleaños especial. El próximo paso que debía dar una familia estaba a punto de convertirse en el milagro de otra.

Nunca olvidaré el momento en que la familia de Kyle se conmovió cuando les entregaron las llaves de una nueva camioneta con acceso para sillas de ruedas, completa con sistema hidráulico, rampa, elevador y aire acondicionado. Fue un obsequio extraordinario que nunca habrían podido obtener por sí mismos, un obsequio que cambió por completo sus vidas. Y todo porque una familia anónima decidió usar lo que tenía para manifestar la vida de Dios en esa situación. Ese paso elevó el nivel de fe de toda nuestra iglesia.

En pocas palabras, los pasos divinos manifiestan vida celestial. Si "el reino de Dios está entre vosotros" (Lucas 17:21), cada paso que das manifiesta el reino de Dios en el mundo que te rodea. El reino dentro de ti finalmente se convertirá en el reino que te rodea. De la misma manera que un barco deja tras de sí una estela gigante al moverse por el agua, nuestras vidas dejan una estela de vida a medida que nos movemos con la nube. El efecto dominó de nuestra obediencia toca la vida de las personas que están en la orilla a quienes tal vez ni siquiera veamos. Nuestros próximos pasos no siempre se tratan de nosotros. A veces se trata de manifestar el poder de Dios por medio de nuestra vida. Nuestro próximo paso podría ser el milagro de otra persona. Si el reino de Dios está entre nosotros, dondequiera que llevemos su gobierno, su vida reinará. Por eso la simple obediencia siempre consigue grandes avances.

La simple obediencia siempre consigue grandes avances.

Tenía un pastor que solía preguntarme: "¿Cuánto me costará tu pecado?". Quería que entendiéramos que nuestras elecciones afectan a quienes nos rodean. Siempre decía esta pequeña frase: "El pecado te llevará más lejos de lo que quieres ir, te retendrá más de lo que quieres quedarte y te costará más de lo que quieres pagar". Y, aunque eso es cierto, no es muy alentador, ¿verdad? Somos transformados por el amor y la gracia, no por la vergüenza y la condenación. Si Dios es amor, el temor nunca es un motivador en su reino.

¿Y qué tal al revés? ¿Y si preguntáramos: "¿Cuánto me bendecirá tu obediencia?". O: "¿Cuánto bendecirá a otros mi próximo paso?". Tal vez una frase mejor sea: *La fe te llevará más lejos de lo que pensabas posible llegar; te liberará más rápido de lo que pensabas posible ser libre y manifestará de ti más de lo que pensabas posible dar.*

Estás comisionado para ser un dador de vida. No todos podemos dar una camioneta, pero cada uno tenemos un próximo paso que dar. Me pregunto quién será tocado por las estelas de vida puestas en marcha por tu fe.

Respuesta a la oración

No estoy seguro de que alguna vez entendamos cuán significativos son realmente nuestros pasos. Cada paso que la nube nos lleva a dar es parte del plan de Dios para establecer su reino en la tierra. Por ejemplo, cuando Dios vino a Moisés por primera vez, le dijo: "Bien he visto la aflicción de mi pueblo... y he oído su clamor... he conocido sus angustias... Ven, por tanto, ahora, y te enviaré" (Éxodo 3:7, 10). Dios dijo: *Moisés, tú eres mi respuesta a su oración, así que ve y manifiesta mi amor.* Los pasos de un hombre estaban destinados a liberar a toda una nación.

Esa es una gran ilustración de nuestras vidas en el reino de Dios. A Dios le encanta tocarnos el hombro y decir: *Oye, ¿ves a esa persona? Sí, el de ahí. He visto su aflicción, he oído su clamor y conozco su angustia. Tiene una historia de la que no sabes nada. Ahora ve. Eres mi respuesta a su oración.*

La gente del reino es la respuesta de Dios a las oraciones del mundo. Una vez que eres libre, puedes liberar a otros. Dios no dice: "Ahora siéntate aquí y mira lo que puedo hacer". Dice: "Ahora ve y mira lo que haré por medio de ti". El reino de Dios opera sobre esta simple premisa: Dios hace cosas extraordinarias por medio de personas comunes. Él es glorificado cuando su poder se manifiesta en nuestra debilidad. Nunca debemos subestimar lo que Dios puede hacer en y por medio de un corazón humano rendido.

Siempre sonrío cuando las personas se me acercan y me comentan apasionadamente un problema, una oportunidad o una necesidad, y dicen: "Alguien debería hacer algo al respecto". Mi respuesta es siempre la misma: "Tienes razón; *¡tú!* Me alegro mucho de que te encargues de ello. Por favor, déjame saber cómo te va". Por lo general, hacen una mueca con el ceño fruncido y se van.

¡Noticia importante! La razón por la que notaste a esa persona o esa necesidad es porque Dios te está llamando la atención. La nube te invita a ser su respuesta a ese problema. Eres la estrategia de alcance de Jesús. Y los milagros más grandes que jamás verás están en las vidas de personas que aún te quedan por conocer. No puedes decir: "Bueno, no tengo ese don", porque manifestar el reino no es un regalo; es tu vocación. ¿Qué necesidades ves? ¿Qué turba tu corazón? ¿Qué te ha llamado la atención? Esa es la oración de otra persona que Dios quiere responder por medio de ti.

En Valley Creek, decimos que nos parecemos más a una tienda de bricolaje que a un Burger King. Creemos que la iglesia es "Tú puedes hacerlo; nosotros te podemos ayudar", no "A tu manera". La iglesia nos equipa con una mente renovada, un corazón saludable y manos hábiles para asociarnos con Dios en la búsqueda y salvación de los perdidos. Es un centro de entrenamiento donde nos preparamos, no un resort donde nos entretenemos.

El ministerio nunca estuvo destinado a estar reservado para la élite, sino para las masas. Si Jesús confió a pescadores, recaudadores de impuestos y adeptos religiosos la tarea de dirigir su reino, ¿por qué no se la confiaría a estudiantes, novatos y personas comunes?

¿Por qué no te la confiaría a ti?

Que nunca dejemos de creer en el potencial redentor de la humanidad.

Siempre debemos recordar que Dios ha confiado el reino a su pueblo. De hecho, aunque nunca te haya conocido, creo que eres un líder del reino. Lo que sucede es que tal vez no te sientas como un líder. Puede que no creas que eres un líder. Puede que ni siquiera estés viviendo como un líder. Pero piensa en lo siguiente:

- *Has sido hecho a imagen y semejanza de Dios* (ver Génesis 1:26).
- *Tienes todo lo que necesitas mediante su divino poder* (ver 2 Pedro 1:3).
- *Has sido empoderado con su autoridad* (ver Mateo 28:18-20).
- *El Espíritu de Dios vive en ti* (ver Hechos 1:8).
- *Estás a la cabeza y no al final* (ver Deuteronomio 28:13).
- *Estás hecho para influenciar, no para ser influenciado* (ver Mateo 5:13-14).

Eso es solo una parte de tu potencial como redimido. ¡En Jesús, tienes el potencial para crear, construir, inspirar, sanar, restaurar, dar vida, manifestar esperanza, influir y liderar! Y ese potencial se libera con cada paso que das. Cuando sigues la nube, te conviertes en un líder en este mundo, que hace visible lo invisible y trae su reino al aquí y ahora. Los buenos líderes no son más que grandes seguidores, y ese es tu destino.

Sigue la nube: Vive libre

¿Quién te viene a la mente cuando lees esta declaración? "Las grandes personas aceptan tareas pequeñas, porque las tareas pequeñas producen grandes personas".

¿Cuáles son algunos de los pequeños pasos que Dios te pide que des, que sientes que no tienen sentido o son aburridos o están por debajo de tu capacidad? Recuerda que, en el reino, la fidelidad importa y el compromiso cuenta. Cada paso es parte de tu destino.

Dios te ha comisionado para gobernar y reinar en esta tierra con Él. Eres un líder del reino. ¿Crees eso?

¿Por qué sí o por qué no? Si eres un líder del reino, ¿cómo cambiaría eso tu forma de vivir cada día?

Pide a Dios que te dé fe para manifestar su vida en el mundo que te rodea.

PIONEROS

La apatía es kryptonita para un seguidor de la nube, al menos lo es para mí.

Aunque hay muchas cosas que puedo tolerar en la vida, la apatía no suele ser una de ellas. Las personas apáticas pueden minar mi corazón de la misma manera que un trozo de kryptonita podía minar la fuerza de Superman. *¡Más veloz que una bala! ¡Más potente que una locomotora! ¡No teme a las alturas! ¡Es Superman!* Todo eso hasta que sacas una pequeña roca verde y Superman se convierte en un superdebilucho, que se desploma en el suelo sin poder hacer nada, incapaz de moverse. Así es como me siento cuando estoy rodeado de personas apáticas: el hombre que está cruzado de brazos durante todo el servicio de adoración, la persona que no se goza cuando alguien se bautiza, la mujer que cree que no necesita dar su próximo paso, la persona que valora más su comodidad personal. Preferiría tener que moderar el deseo que inspirar indiferencia. Prefiero mucho más la pasión desenfrenada de Pedro que la complacencia de los fariseos.

En pocas palabras, un cristiano apático es alguien que se ha conformado con la vida eterna que disfrutará algún día y no con la vida abundante de hoy. Al igual que la kryptonita, su apatía tiene el poder de drenar la vida de todos los que están expuestos a ella. Y si la apatía de los demás nunca te molesta, ¡puede que seas apático!

La apatía es una enfermedad crónica del corazón que nunca debimos tener. Es un espíritu de indiferencia, que nos hace perder la vida que tenemos justo frente a nosotros. La apatía nos roba el presente y nos esconde el futuro. Es una perspectiva contagiosa que, quizás más que cualquier otra cosa, nos impide seguir la nube. Los apáticos creen que *esto es lo mejor posible*, mientras que los seguidores de la nube creen que *lo mejor está por venir*.

Un cristiano apático es alguien que se ha conformado con la vida eterna que disfrutará algún día y no con la vida abundante de hoy.

Jesús confrontó el corazón apático cuando dijo: "Yo conozco tus obras, que ni eres frío ni caliente. ¡Ojalá fueses frío o caliente! Pero por cuanto eres tibio, y no frío ni caliente, te vomitaré de mi boca" (Apocalipsis 3:15-16). Las palabras de Jesús son muy fuertes porque la apatía es lo que da lugar a la religión. Recuerda que la actividad no es un indicio de vida y estar siempre ocupado no es un síntoma de pasión. A Dios no le importa lo bien que se ve tu vida externa, sino qué tan vivo está tu corazón, porque la condición de tu corazón determinará la calidad de tu vida (ver Proverbios 4:23).

Lamentablemente, la vida no ha resultado como muchos de nosotros esperábamos. Sin darnos cuenta, nos hemos vuelto personas desilusionadas, escépticas o desganadas. Como la vida nos ha herido, hemos construido muros de piedra alrededor de nuestros corazones de carne. Divorcio, aborto, abuso, trauma, abandono, muerte, expectativas no cumplidas y decepción han contribuido a nuestra autoprotección. Es difícil encontrar un corazón tierno en un cuerpo viejo. El único problema es que los mismos muros que impiden que salgamos heridos, también nos impiden recibir amor. Si el dolor no puede entrar, tampoco puede entrar el amor. En realidad, nuestro intento de autoprotección se ha convertido en una prisión autoimpuesta. Entonces, con el tiempo, nuestros corazones se entumecen. Y un corazón entumecido siempre dará lugar a una vida apática. Sin embargo, Jesús no te dio un corazón nuevo para que te pases la vida adormeciéndolo.

Jesús no te dio un corazón nuevo para que te pases la vida adormeciéndolo.

Jesús dijo: "El ladrón no viene sino para hurtar y matar y destruir; yo he venido para que tengan vida, y para que la tengan en abundancia" (Juan 10:10). Satanás quiere robarte el afecto, matar tu corazón y destruir tu fe; pero Jesús ha venido a resucitar tu vida mediante la sanidad de tu corazón. Y solo un corazón sano puede vivir una vida apasionada.

Ve tú primero

Desde que era niño, me ha encantado la pasión de los pioneros. Las historias de Lewis y Clark, Ernest Shackleton y Jacques Cousteau siempre me han inspirado. De hecho, incluso quería que la iglesia que iba a plantar tuviera la palabra *pionero* en su nombre. Hay algo acerca de ser pionero en algo desconocido que cautiva el corazón humano. Tal vez sea porque fuimos creados para descubrir lo desconocido y poner orden en el caos más allá del horizonte (ver Génesis 1:28). Y, aunque las aventuras de los pioneros son diferentes unas de otras, todos los pioneros tienen algo en común. Tienen que estar dispuestos a seguir adelante a pesar de los pesimistas que encuentran en el camino y estar dispuestos a ir primero sin importar lo que piensen los demás.

Una de las mayores barreras que enfrentarás al seguir la nube es la apatía de quienes te rodean. Al seguir la nube, he aprendido que no puedo permitir que la apatía de otras personas me aleje de mi destino. Por ejemplo, la apatía de diez espías que originalmente exploraron la tierra prometida impidió que toda la nación siguiera la nube. "Y hablaron mal entre los hijos de Israel, de la tierra que habían reconocido, diciendo: La tierra por donde pasamos para reconocerla, es tierra que traga a sus moradores; y todo el pueblo que vimos en medio de ella son hombres de grande estatura" (Números 13:32). Así que los israelitas se quejaron y dijeron: "Nuestros hermanos han atemorizado nuestro corazón" (Deuteronomio 1:28). Dios los estaba invitando a dar un paso hacia su propósito, pero la apatía de diez hombres fue como la kryptonita, y se robó el futuro de más de un millón de personas. La nube los estaba atrayendo para que fueran y vieran las maravillas del reino, pero la apatía del hombre los estaba empujando de regreso a Egipto.

Una de las mayores barreras que enfrentarás al seguir la nube es la apatía de quienes te rodean.

Me pregunto cuántas veces sucede eso en nuestras vidas. ¿Cuántas mujeres quieren seguir apasionadamente a Jesús, pero no lo hacen por la apatía de sus esposos? ¿Cuántos estudiantes quieren seguir la nube, pero no lo hacen por la apatía de sus padres? ¿Cuántos hombres quieren honrar a Dios en sus lugares de trabajo, pero no lo hacen por la apatía de sus compañeros?

¿Cuántas personas quieren adorar apasionadamente en la iglesia, pero no levantan la voz ni la mano por la apatía de quienes los rodean?

Satanás usará la apatía de los demás para apagar tu pasión. Es como un balde de agua fría sobre tu llama ardiente, pero nadie tiene autoridad para robarte la pasión. La complacencia de otros solo tiene el poder que tú le das.

Una simple verdad que debemos guardar en nuestro corazón es que *no puedo permitir que tu perspectiva de Dios determine mi respuesta hacia Él.* Moisés no permitió que la constante rebelión de los israelitas determinara su respuesta hacia Dios. Los discípulos no permitieron que el rechazo de Jesús por parte de la multitud determinara cómo responderían a Él. Y, si quieres seguir la nube, no puedes permitir que la perspectiva de los demás determine tu respuesta hacia Dios.

Personalmente, he luchado con este problema. Cuando empecé a trabajar en el ministerio, pensé que la gente quería seguir apasionadamente a Jesús. Es decir, ¿por qué rayos estarías en la iglesia si no tuvieras la intención de caminar con Dios?

Sin embargo, rápidamente me di cuenta de que no todo el mundo estaba tan interesado en dar sus próximos pasos. Muchas personas solo buscan su *próxima parada.* Así que, por un tiempo, la apatía de los "cristianos" me hizo cuestionar a Dios. La falta de voluntad de estas personas para seguir a Dios apasionadamente me hizo comenzar a preguntarme: *¿Produce resultados el evangelio? ¿Dónde está el poder de Dios? ¿Realmente vale la pena seguirlo?* La apatía de otros estaba desmoronando mi fe, pero después me di cuenta de que ya sea que la gente sea apasionada o apática hacia Dios, Él sigue siendo Dios. Independientemente de cómo responda una persona, Él sigue siendo el Señor "fuerte, misericordioso y piadoso; tardo para la ira, y grande en misericordia y verdad" (Éxodo 34:6). En un mundo de apatía, Dios es digno de mi pasión.

No obstante, la pasión siempre tiene un costo.

Por definición, la pasión es aquello por lo que estás dispuesto a sufrir. Por ejemplo, si te apasionan los Dallas Cowboys, estás dispuesto a sufrir muchas derrotas desgarradoras en el cuarto tiempo. Si te apasiona hacer ejercicio, estás dispuesto a sufrir entrenando a las cinco de la mañana mientras el resto de nosotros dormimos. Y si eres un apasionado de Jesús, tendrás que tolerar la apatía de los demás sin permitir que te vuelva apático. "Porque el amor de Cristo nos constriñe" a seguirlo apasionadamente sin que nos importe nadie más (2 Corintios 5:14). Si bien el hombre motiva y mantiene el sensacionalismo, el Espíritu Santo inspira y mantiene la pasión. Por lo tanto, los seguidores de la nube siempre van primero, aunque tengan que hacerlo solos.

Es una fiesta

Si hicieras una lista de las diez preguntas que más se hacen en la iglesia, apostaría a que la pregunta número uno sería "¿Cuál es la voluntad de Dios para mi vida?". Deseamos con desesperación conocer la voluntad de Dios. Lamentablemente, esa pregunta a menudo nos paraliza. Podemos llegar a tener tanto miedo de perdernos la escurridiza voluntad de Dios para nuestro cónyuge, trabajo, futuro, llamamiento y vida, que terminamos sin hacer nada en absoluto. El miedo a tomar la decisión equivocada a menudo nos impide tomar cualquier decisión. Así que quizá nos hemos estado haciendo la pregunta equivocada. Tal vez una mejor pregunta sería: "¿Qué es lo que Dios me ha empoderado para hacer, y estoy haciendo eso?".

Dios ya te ha dado poder para hacer discípulos, ser su embajador, servir a los que te rodean, perdonar a los que te han hecho daño, ser generoso y manifestar su reino. La voluntad de Dios es que hagas lo que ya te ha invitado a hacer. Muchas veces, esperamos que Dios se mueva; pero la verdad es que, por lo general, Él espera que nosotros nos rindamos. Si valoramos lo que está revelado, nos mostrará lo que está oculto. Si honramos la revelación (lo que ya nos ha pedido que hagamos), nos revelará el misterio (el resto de su voluntad para nuestra vida). Tenemos que preocuparnos más por lo que *ya dijo*, que por lo que aún *tiene que decir*. Así es como seguimos la nube.

Estoy convencido de que muchos de nosotros estamos aburridos en esta vida, porque nos mantenemos al margen y vemos cómo otros hacen avanzar el reino. Estamos aburridos porque, en lugar de dar nuestro próximo paso, estamos viendo a otras personas cumplir su propósito en la vida. Sin embargo, no tenemos entradas para el estadio; tenemos uniformes para el juego. Fuimos creados para pintar, dibujar, escribir, construir, sanar, restaurar, redimir, proclamar, adorar, multiplicar, gobernar y reinar. Fuimos creados para caminar hacia lo desconocido con el Dios que quiere ser conocido. Hay un espíritu pionero dentro de nosotros que espera ser libre. Está en nuestra naturaleza, porque fuimos hechos a imagen y semejanza de Aquel que siempre va primero.

Si estamos aburridos, tal vez sea porque realmente no lo estamos siguiendo. Si nuestras vidas son aburridas, tal vez sin querer nos hemos vuelto religiosos. No estoy diciendo que no vamos a la iglesia. No sugiero que no estamos haciendo "cosas cristianas". Ni siquiera estoy diciendo que no creemos en Dios. Sin embargo, si estamos aburridos, probablemente no estamos siguiendo a Jesús. Piensa en ello. Los Evangelios describen a un Dios que era el alma de la fiesta. Jesús dice que señales y prodigios seguirán a los que crean (ver Marcos 16:17-18). Él nos envía a predicar el reino, sanar a los enfermos, resucitar a los muertos, expulsar demonios y limpiar a los leprosos (ver Mateo 10:7-8). Una vida guiada por el Espíritu es cualquier cosa menos aburrida.

Los israelitas no estaban aburridos de extender el reino, matar gigantes y tomar la tierra prometida. Pedro no estaba aburrido de caminar sobre el agua, contar su historia y sanar a los enfermos. Pablo no estaba aburrido de confrontar demonios, resucitar a los muertos y plantar iglesias en todo el mundo. Las personas que caminan con Jesús no tienen tiempo para aburrirse, porque están demasiado ocupadas en manifestar el reino. Sus vidas están llenas de historias que vale la pena contar. ¿Tú también? Si no, nunca es demasiado tarde para empezar a seguir la nube.

El peligro del éxito

Mis amigos Justin y Dorise son excelentes ejemplos de seguidores de la nube con una historia que contar. Buenos trabajos y buenos sueldos les permitieron hacer lo que querían cuando querían. Tenían exactamente lo que la mayoría de nosotros perseguimos durante nuestra vida: el éxito terrenal; pero como suele suceder, Dios tenía otros planes. A medida que la nube comenzó a moverse, mis amigos no podían negar que Dios los estaba invitando a vender su negocio, mudarse a una nueva ciudad y comenzar el primer campus multisitio de nuestra iglesia. Entonces se enfrentaron a una elección: ignorar el susurro ensordecedor o seguir a Dios hacia algo que lo cambiaría todo.

Aunque estaban abiertos a la invitación de Dios, dejar de lado *su éxito* era lo único que los frenaba. Algunos pasos requieren más confianza que otros. No hay nada razonable en vender un negocio en la mitad de la vida y comenzar una nueva carrera profesional. Sin embargo, solo si renunciaban a todo podrían encontrar todo lo que realmente buscaban. Así que, en lugar de aferrarse a lo que habían acumulado, abrieron sus corazones para recibir lo que Dios les ofrecía. Y solo unos pocos años después, su voluntad de ser pioneros está despertando a toda una ciudad. El campus está prosperando, son más libres que nunca e innumerables vidas han sido tocadas por el amor de Jesús. Claro, pueden tener menos dinero ahora, ¡pero tienen más vida! Descubrieron que una vida con un propósito apasionado brinda lo que una vida de comodidad personal nunca brindará. Es un descubrimiento que muchas personas nunca hacen.

Ir a lo seguro es a menudo lo que nos impide avanzar. Cuanto más establecidas están nuestras vidas, más nos resistimos al cambio. De hecho, el gran peligro del éxito es el miedo a perder lo ganado. Cuanto más hemos acumulado, más miedo tenemos de perder lo que tenemos. Tenemos miedo de arriesgar nuestras posesiones, ocupaciones, antigüedad, comodidad, seguridad, salario, reputación y seguridad. Y, cuando tenemos miedo de arriesgar lo que tenemos, empezamos a dejar pasar las oportunidades divinas. Entonces, en lugar de seguir apasionadamente a Dios hacia lo desconocido, nos pasamos la vida protegiendo lo que ya tenemos.

Y sabes que es verdad, porque apuesto a que antes de tener nada, estabas dispuesto a correr riesgos. Cuando no tenías nada que perder y todo por ganar, era fácil lanzarte a las oportunidades divinas; pero en algún punto del camino, el éxito lo cambió todo.

La paradoja es que las cosas que hemos perseguido toda nuestra vida llegan a ser las mismas cosas que nos impiden avanzar. El éxito tiene una forma de crear involuntariamente apatía en nuestros corazones. Sin darnos cuenta, nuestras bendiciones pueden volvernos apáticos cuando tenemos miedo de perderlas. Entonces, ¿es eso realmente un éxito, estar esclavizado por las mismas cosas que has estado tratando de conseguir? El éxito debe inspirar una vida llena de sueños, no quitártelos. Dios no quiere que te pases la vida protegiendo tu presente, quiere que lo sigas hacia tu futuro. Sin embargo, tienes que estar dispuesto a arriesgar lo que tienes para descubrir lo que Dios tiene reservado para ti. Recuerda que siempre es más seguro donde Dios te dice que vayas, que donde el miedo te dice que huyas.

Siempre es más seguro donde Dios te dice que vayas, que donde el miedo te dice que huyas.

Avance

Aunque estemos llenos de mil buenas intenciones, recuerda, es la dirección, no la intención, lo que determina nuestro destino. No existe tal cosa como ser neutral en el reino de Dios. Te mueves hacia adelante o hacia atrás. Lo estás siguiendo o estás a la deriva. O eres pionero o eres pasivo. Lamentablemente, no hay un botón de pausa en la vida.

A menudo escucho a las personas decir cosas como: "Sé que no estoy siguiendo a Jesús, pero en realidad no estoy haciendo nada malo. No estoy dando mi próximo paso, pero tampoco estoy pecando. Estoy en un estado neutral". Bueno, Dios dice: "Al que sabe hacer lo bueno, y no lo hace, le es pecado" (Santiago 4:17). En otras palabras, dejar pasar las oportunidades divinas es pecado. Quiero decir, ¿por qué pasaríamos por alto el propósito para el que fuimos creados? La meta de la vida cristiana no es ir a lo seguro, sino arriesgarnos para la gloria de Dios. La vida no consiste en el mal que podemos evitar, sino en el amor que podemos dar. No estamos destinados a permanecer pasivos en punto muerto, sino a ponernos en marcha. Y el problema con el estado neutral es que nos engaña y nos hace creer que, en realidad, estamos viviendo. Un día se convierte en una semana, una semana se convierte en un mes, un mes se convierte en un año, un año se convierte en años y, sin darnos cuenta, los años se convierten en una vida de oportunidades perdidas y potencial no desarrollado.

La vida no consiste en el mal que podemos evitar, sino en el amor que podemos dar.

Piensa de nuevo en tu equipo de fútbol americano favorito. Digamos que es el cuarto tiempo. Tu equipo está arriba por algunos puntos y solo quedan unos minutos de juego. Tu equipo tiene el balón, pero en lugar de tratar de anotar, adoptan una postura defensiva y solo intentan mantener su ventaja. Todo lo que quieren hacer es que se cumpla la hora y entrar al vestuario. En lugar de jugar *para ganar*, empiezan a jugar p*ara no perder*. El locutor por lo general interviene y dice: "Si todo lo que hacen es jugar a la defensiva, van a perder este juego. Más vale que no dejen de jugar a la ofensiva, porque el otro equipo no se va a rendir hasta que esto termine". ¿Y qué pasa? El otro equipo recibe el balón y anota un *touchdown*, y tu equipo siempre pierde (o al menos mi equipo lo hace). No puedes solo aguantar, jugar a la defensiva y esperar ganar. Y, sin embargo, eso es lo que hacemos a menudo.

Demasiados de nosotros solo queremos aguantar y jugar a la defensiva. Queremos aferrarnos a lo que tenemos, evitar el riesgo y que se cumpla la hora. En lugar de jugar para ganar, empezamos a jugar para no perder; pero siempre perderás todo aquello a lo que intentes aferrarte. Solo pregúntale al hombre que enterró su único talento (ver Mateo 25:14-30). El reino de Dios no puede avanzar con su pueblo replegado. Jesús nunca nos invita a jugar a la defensiva; solo nos invita a jugar a la ofensiva. "Edificaré mi iglesia; y las puertas del Hades no prevalecerán contra ella" (Mateo 16:18). Estamos a la ofensiva, y todo el infierno no puede detenernos. Nadie puede derribar lo que Jesús está edificando, pero si nos detenemos para tratar de aguantar, nos perderemos la vida misma.

Volvamos a los israelitas. Cuando finalmente entraron en la tierra prometida, su viaje estaba lejos de llegar a su fin. No era hora de relajarse y descansar; era hora de tomar la tierra. Dios les dijo: "Poco a poco los echaré de delante de ti [a las naciones de gigantes], hasta que te multipliques y tomes posesión de la tierra" (Éxodo 23:30). Ordenó a los israelitas que continuaran dando sus próximos pasos. O iban a agrandarse y avanzar o los gigantes lo harían; la decisión era de ellos.

Podemos escuchar el eco de nuestro propósito en el mandato de Dios a los israelitas. "Fructificad y multiplicaos; llenad la tierra, y sojuzgadla" (Génesis 1:28). Ya sea Adán y Eva en el huerto del Edén, Noé después del diluvio, los israelitas en la tierra prometida, los discípulos en el libro de los Hechos o tú en la vida diaria, estamos llamados a comenzar justo donde nos encontramos, avanzar poco a poco y reemplazar las obras de las tinieblas con la vida en Dios.

Los seguidores de la nube comprenden que siempre hay un próximo paso. Siempre hay más terreno que tomar. Siempre hay un nuevo camino que trazar. Ya sea en sus hogares, relaciones, vecindarios, trabajo o escuela, entienden que la vida misionera es su mandato. Dan su próximo paso para crear espacio para que otras personas puedan dar el suyo. Eligen ser fieles en *lo poco*, pues saben que esa es la clave para que se les confíe *mucho*. Saben que son siervos del reino, llamados a crecer y avanzar para la gloria de Dios.

Vivir el círculo 3

Si bien estamos llamados a ser personas que avanzan, nunca debemos olvidar que cuando Jesús llamó por primera vez a los discípulos, los invitó a ser, no a hacer. "Venid en pos de mí, y *os haré pescadores de hombres*" (Mateo 4:19). Sabía que la visión de convertirse en alguien era muy superior a la visión de hacer algo. Desde el principio, Jesús los invitó a un estilo de vida de próximos pasos, pues sabía que, con cada paso que dieran, se convertirían en personas centradas en Jesús, llenas del Espíritu y dadoras de vida. Jesús sabía que lo que somos es muchísimo más importante que lo que hacemos, porque cuando te conviertes en la persona correcta, naturalmente, harás las cosas correctas. La identidad determina el propósito. Como ya hemos dicho, los peces nadan, los pájaros vuelan, las vacas mugen, los perros ladran y los seguidores de Jesús participan en la misión de Jesús. La raíz equivocada nunca producirá el fruto correcto.

Lo que somos es muchísimo más importante que lo que hacemos.

Creo que la iglesia a menudo ha perdido de vista esto. Mucho de lo que escuchamos hoy día en el cristianismo tiene que ver con todas las cosas que "debemos hacer para Dios". Así que nos pasamos la vida tratando de dar, servir, ayudar, cumplir expectativas y cambiar; pero por mucho que hagamos, nunca sentimos que podemos hacer lo suficiente. Nos quedamos atrapados en el ciclo del desempeño. Comenzamos en el círculo 3 y *hacemos* para llegar a ser, sin darnos cuenta de que Jesús ya lo *hizo* para que ahora en Él ya seamos. La verdadera vida del círculo 3, una vida piadosa con propósito que participa en la misión de Dios, está disponible solo para aquellos que primero recibieron su gracia y experimentaron su presencia. No tendrás la fe para vivir una vida en el reino hasta que creas que eres un hijo del Rey.

Este es el patrón que se ve a lo largo de todas las Escrituras. "Tiempo después Jesús subió a un monte y llamó a los que quería que lo acompañaran. Todos ellos se acercaron a él. Luego nombró a doce de ellos y *los llamó sus apóstoles* [identidad, círculo 1]. Ellos *lo acompañarían* [relación, círculo 2], y él *los enviaría a predicar y les daría autoridad para expulsar demonios* [propósito, círculo 3]". (Marcos 3:13-15, NTV).

Dios siempre comienza su compromiso con nosotros en el círculo 1. Cambia nuestra identidad, nos atrae a una relación con Él y *luego* nos envía a ir y hacer *ya aprobados*, no para *ganarnos su aprobación* (ver Génesis 1:26; Ezequiel 36:24-27; 2 Corintios 5:17-20). Nuestro propósito siempre comienza con lo que Él hizo, no con lo que nosotros tenemos que hacer. Antes que Dios nos pida que hagamos algo, siempre comenzará por mostrarnos que ya hizo todo. Nos recordará que somos nuevas criaturas antes de pedirnos que vivamos un nuevo estilo de vida. Lo que ahora somos cambia lo que solíamos hacer.

Las mariposas ya no se arrastran por el barro; vuelan por el cielo.

Lo que he aprendido es que la manera de hacer que las personas participen en la misión de Dios no es decirles que tienen que hacerlo, sino recordarles quiénes son ahora. Somos atraídos por la gracia, no impulsados por las expectativas. Por lo tanto, solo aquellos que reciben su gracia y experimentan su presencia se apasionarán por manifestar su reino. Y solo aquellos que manifiestan su reino están completamente vivos.

Somos atraídos por la gracia, no impulsados por las expectativas.

Las personas esclavas no pueden llevar a otros a la libertad, pero los esclavos que han sido liberados se pasarán la vida ayudando apasionadamente a otros a encontrar la libertad. Vivir el círculo 3 es: "Se hace esto con motivo de lo que Jehová hizo conmigo cuando me sacó de Egipto" (Éxodo 13:8).

Es hora de ser pionero.

Sigue la nube: Vive libre

¿La pasión de quién te inspira a seguir a Jesús? ¿La apatía de quién te desalienta a hacerlo? ¿Crees que tu forma de vivir inspira a otros a seguir a Jesús o los desalienta a hacerlo?

El gran peligro del éxito es el miedo a perder lo ganado. ¿Qué tienes miedo de perder en este momento? Sé lo más específico que puedas. Dios te ha llamado a crecer y avanzar. ¿Qué te está pidiendo Dios que sueltes? ¿A qué te está pidiendo que te aferres?

SEGUIR HASTA EL FINAL

Al entrar a un estacionamiento remoto a la orilla de un río de Alaska, pudimos escuchar el estruendo de las aguas a una temperatura de tres grados centígrados que se precipitaban por el cañón. Los adultos de mi familia extendida habían decidido irse de vacaciones de aventura a Alaska. En lugar de ir a descansar a una playa, decidimos emprender algunas aventuras juntos y practicar *rafting* estaba en la parte superior de nuestra lista.

Después de firmar un deslinde de responsabilidades, los guías nos entregaron a cada uno un traje seco, un casco y un chaleco salvavidas. Mientras nos vestíamos, comenzaron a darnos instrucciones de seguridad, pero dejé de escuchar cuando vi que metían nuestras balsas al río, flotaban unos cien metros río abajo y se detenían en la orilla opuesta. Volví a prestar atención justo a tiempo para escuchar al guía decir: "El río está en temporada de crecida y la corriente es tan fuerte, que debemos asegurarnos de que puedan nadar antes de comenzar. Así que, si quieren hacer *rafting*, tienen que zambullirse en el río y nadar hasta las balsas que están del otro lado".

En ese momento, varias personas que no conocíamos en nuestro grupo dijeron: "Nos vamos". La mitad del grupo renunció antes de empezar; pero bueno, solo se vive una vez, así que respiramos hondo, nos zambullimos y nadamos lo más rápido que pudimos a través de la fuerte corriente. ¡Y de inmediato descubrimos que los trajes secos ya no estaban tan secos!

Subimos a nuestras balsas y el guía dijo: "Hay dos tramos principales de rápidos que atravesaremos. Después del primer tramo, solo hay un lugar donde pueden salirse. Si no salen allí, tendrán que descender por el río hasta el fondo, pero no se preocupen. Estaré con ustedes y este será el viaje de su vida".

A medida que el cañón se hacía más estrecho, el agua se volvía más agitada. Nuestra pequeña balsa comenzó a rebotar en las rocas, girar en remolinos y sumergirse bajo olas gigantes. A las órdenes del guía, remamos de izquierda a derecha, adelante y atrás, para tratar de evitar rocas, árboles y otros obstáculos. Fue intenso. ¡Y fue increíble!

Cuando salimos del primer tramo de rápidos hacia aguas tranquilas, todos vitoreábamos emocionados. Mientras chocábamos los cinco, emocionados de haberlo logrado, el guía gritó por encima del estruendo: "Muy bien, este es el único lugar donde pueden salirse antes del segundo tramo de rápidos. Ese fue el tramo de precalentamiento. Ahora empieza a volverse más turbulento. ¿Alguien quiere salir?".

Mi mamá y Colleen se miraron instantáneamente y se dijeron entre sí: "¿Quieres salir? Porque yo sí. No quiero caerme por la borda. Si tú sales, yo salgo".

—¡Queremos salir! —gritaron.

Al instante, toda nuestra familia usó el poder de la presión de grupo.

—¡No pueden salir! ¡Buuuuu! ¡Vamos, sigan!

—¿Alguien quiere salir? Necesito saberlo ahora mismo. Esta es la última oportunidad —volvió a preguntar el guía.

La presión de nuestros compañeros funcionó, y mi mamá y Colleen dijeron:

—Está bien, seguimos.

—Muy bien, todos siguen *hasta el final* del cañón. ¡Allá vamos! —dijo el guía.

Doblamos la curva con nuestra embarcación y pasamos la salida y, mientras miraba el cañón hacia el segundo tramo de rápidos, pensé, *¡debería haberme salido!*

Tan pronto como llegamos a las aguas rápidas, éramos como personajes de Lego en una lavadora. El río nos sacudía sin piedad. Nuestra balsa de goma se precipitó incontrolablemente hacia una roca gigante y, cuando la chocamos de frente, vi que Colleen salía despedida unos seis metros en el aire. Todo parecía suceder en cámara lenta. *¡Noooooooo!* Mientras volaba por el aire, sus ojos se clavaron en los míos con una mirada de "*¡te voy a matar!*". Cayó al agua y el río la arrastró instantáneamente. Todo lo que podíamos ver era su casco amarillo que subía y bajaba en medio de las aguas rápidas y entre las rocas gigantes. Remamos frenéticamente hacia ella en aguas a una temperatura de tres grados centígrados.

Finalmente, maniobramos lo suficientemente cerca como para que mi hermano pudiera agarrar el chaleco salvavidas de Colleen y arrastrarla hacia la balsa. Mi suspiro de alivio rápidamente se convirtió en la comprensión de que aquella sería la peor noche de hotel de nuestras vidas.

Mientras remábamos hacia la orilla en el fondo del cañón, estaba aterrorizado de cruzar una mirada con Colleen, pero ella me sorprendió por completo cuando dijo con una gran sonrisa: "¡Fue *increíble*!".

Su miedo a caerse por la borda fue lo que, en realidad, hizo que se convirtiera en la aventura de su vida. Pero si se hubiera salido a la mitad, se hubiera tomado una selfi y la hubiera publicado en línea, se habría perdido toda la experiencia. Lo mismo ocurre con seguir la nube.

Muchas veces estamos dispuestos a seguir la nube lo suficiente como para decir que la hemos probado. Damos nuestro próximo paso, que nos resulte seguro o conveniente. Tal vez hemos sido salvos, vayamos a la iglesia o demos algunas ofrendas; pero cuando vemos el segundo tramo de rápidos, donde las aguas son turbulentas, pensamos que es hora de salir.

Sin embargo, nunca sabrás cómo es realmente seguir a Jesús hasta que continúes *hasta el final.* Creo que uno de los versículos más tristes de la Biblia es: "Desde entonces muchos de sus discípulos volvieron atrás, y ya no andaban con él" (Juan 6:66). Es un versículo lleno de oportunidades perdidas. Estos discípulos, a los que solo se les recuerda por haber recorrido la mitad del camino, estaban dispuestos a atravesar el primer tramo de rápidos, pero se salieron antes que comenzara la verdadera aventura.

Es solo cuando llegamos al final de nosotros mismos que encontramos el comienzo de nuestra vida.

Jesús nunca nos invita a salirnos a mitad de camino; nos invita a seguir hasta el final, a ir a por todo, con Él. "Si alguno quiere venir en pos de mí, niéguese a sí mismo, y tome su cruz, y sígame. Porque todo el que quiera salvar su vida, la perderá; y todo el que pierda su vida por causa de mí y del evangelio, la salvará" (Marcos 8:34-35). Es solo cuando llegamos al final de nosotros mismos que encontramos el comienzo de nuestra vida. En pocas palabras, cuando finalmente cedemos el control, comenzamos a vivir una vida plena. Solo aquellos que sigan *hasta el final* experimentarán una *vida plena.*

Cuando el río de Dios está fluyendo, no hagas preguntas; solo zambúllete en el agua. Jesús te está invitando a ir desde el tobillo hasta la rodilla y hasta la cintura, hasta que ya no puedas tocar el fondo (ver Ezequiel 47). Dios te está atrayendo para que lo sigas paso a paso hasta que te caigas por la borda en su amor inagotable y estés totalmente sumergido en los manantiales de agua viva. Puedes salirte y jugar a lo seguro, o puedes zambullirte y vivir. No dejes que el miedo te aleje de la vida que Dios tiene para ti. No has sido destinado a vivir con miedo a los *¿qué pasa si…?*, sino a vivir con seguridad en lo que *es y hace Él*. La marea está subiendo; es hora de dejar la seguridad de la orilla y dejarse llevar por su misericordia y su bondad.

Nos preguntamos: "¿Qué pasa si fallo?", pero Dios te pregunta: *"¿Quieres ser libre?"*.

Fiel hasta el final

No siempre te gustará hacia dónde te lleva la nube.

Estoy seguro de que los israelitas se cansaron de la arena de ese desierto sin final. Supongo que David se hartó de huir y esconderse de Saúl. Apuesto a que los discípulos se cansaron de nunca saber dónde iban a dormir por la noche. Y estoy seguro de que estás cansado de algunas de las cosas que has estado atravesando.

Sé que yo lo estoy.

Nuestra hija, Emma Joy, nació con una enfermedad incurable que le cambió la vida. Tiene un raro trastorno autoinmune, que hace que su cuerpo se ataque a sí mismo. Durante años, nos ha roto el corazón verla luchar contra un intenso dolor físico.

Es difícil exagerar cómo ha afectado su enfermedad a nuestra familia. Hemos buscado la sanidad de todas las formas posibles. Hemos probado de todo, desde la medicina moderna hasta las dietas radicales, el cuidado de la salud natural holística y tratamientos innovadores. Hemos orado por ella, profetizado y declarado sobre ella y la hemos ungido con aceite.

Sin embargo, *aún* no ha recibido su sanidad.

Para ser sincero, hay algunos días en los que Colleen y yo pensamos que no podremos sobrevivir ni un día más. Son días en los que estamos cansados y desanimados; días en los que no queremos dar más pasos; días en los que queremos dejar de seguir la nube.

Sin embargo, en esos momentos vemos más claramente la fidelidad de Dios. En los momentos de desesperación descubrimos que nunca estamos solos. "Jehová vuestro Dios, el cual va delante de vosotros, él peleará por vosotros, conforme a todas las cosas que hizo por vosotros en Egipto delante de vuestros ojos. Y en el desierto has visto que Jehová tu Dios te ha traído, como trae el hombre a su hijo, por todo el camino que habéis andado, hasta llegar a este lugar" (Deuteronomio 1:30-31). Cada vez que nos detenemos y miramos atrás, vemos su fidelidad. Cada noche de insomnio. Cada visita a la sala de emergencias. Cada cita con el médico. Cada vez que hemos llorado hasta que no nos quedaron más lágrimas. Cada paso que no tenía sentido. Él ha estado allí con nosotros. No importa lo duro que haya sido el camino, el Padre siempre nos ha estado llevando.

Y también te ha estado llevando a ti.

De modo que no te rindas en el desierto. No decidas volver a Egipto. Aunque tengas miedo, no te salgas ahora. Cuando sabes cómo termina la historia, no tienes que preocuparte por un capítulo malo o por varios capítulos malos seguidos.

El hecho de que mi hija *aún* no se haya sanado no significa que nunca lo haga. Y el hecho de que tu avance *aún* no haya llegado no significa que nunca lo hará. Así que no pongas un punto donde Dios puso una coma. No digas "Fin" mientras Dios todavía está escribiendo.

Un gran seguidor de la nube dijo una vez: "Aunque ande en valle de sombra de muerte, no temeré mal alguno, porque tú estarás conmigo; tu vara y tu cayado me infundirán aliento"

(Salmos 23:4). El Buen Pastor te conduce por un valle que no quieres atravesar para llevarte a los verdes pastos que necesitas. Y solo aquellos que lo siguen hasta el final del valle de sombra de muerte *saben* que el Pastor es bueno. Antes de ese momento, es solo teoría.

El Buen Pastor te conduce por un valle que no quieres atravesar para llevarte a los verdes pastos que necesitas.

Te digo esto porque yo también estoy en medio de este viaje. No lo tengo todo claro. No lo entiendo todo. Aún no, pero creo de todo corazón que el camino hacia una vida de libertad es seguir la nube paso a paso.

Así que la sigo.

Incluso cuando es difícil. Incluso cuando el valle está tan oscuro que solo puedo ver el paso que está justo frente a mí.

Y espero que tú también lo hagas.

Sigo porque creo que, con cada paso, Él no solo me guía, sino que me *lleva* a verdes pastos y aguas de reposo. Con cada paso, Él restaura mi alma.

Puede que te estés preguntando:

¿Cómo hago para afrontar esta dificultad? Sigue la nube.

¿Cómo hago para tomar esta decisión? Sigue la nube.

¿Qué hago en medio de mi dolor? Sigue la nube.

¿Adónde voy después? Sigue la nube.

¿Cuál es el plan de Dios para mi vida? Sigue la nube.

Sigue la nube porque Él es fiel hasta el final. Dios te ha sacado de Egipto, te ha llevado a través del mar, a través del desierto y más allá del desierto, y con su gracia te guía paso a paso hacia la tierra prometida. Y, cada vez que mires atrás, verás su fidelidad. El salmista que atravesó el valle recordó su viaje y declaró: "Ciertamente tu bondad y tu amor inagotable me seguirán todos los días de mi vida, y en la casa del SEÑOR viviré por siempre" (Salmos 23:6, NTV). Descubrió que, mientras seguía a la nube, la bondad y la misericordia lo seguían.

No importa a dónde te lleve la nube, el Buen Pastor siempre va delante de ti, y la bondad y la misericordia siempre van detrás de ti. Por lo tanto, adonde va la nube es el lugar más seguro, especialmente cuando el valle está oscuro.

La teología de los niños

Todas las noches, cuando acuesto a mis hijos, les repito quiénes son.

—Trey, eres como el rey David. Tienes un espíritu guerrero y un corazón tierno.

—Emma, eres una líder valiente con un corazón de adoración.

—¿Qué necesitan recordar siempre? —les pregunto después.

—Dios es bueno. Jesús me ha perdonado. Soy amado. Y todo es posible —repiten las mismas cuatro cosas todas las noches.

Esa es la teología fundamental que la mayoría de los adultos no cree. Es la versión infantil de los tres círculos. El *deseo del corazón del Padre (Dios es bueno)* es que *recibamos su gracia (Jesús me ha perdonado)*, *experimentemos su presencia (Soy amado)* y *manifestemos su reino (Todo es posible)*.

Cada paso que nos negamos a dar señala dudas en una de esas áreas. Cuando no creemos que Dios es bueno, que Jesús nos ha perdonado, que somos amados y que todo es posible, no seguiremos a la nube; nos seguiremos a nosotros mismos. Ahora bien, ¿y si lo creyéramos?

¿Qué tal si lo crees?

¿Qué tal si creyeras que, porque Dios es bueno, envió a Jesús para perdonar todos tus pecados? ¿Qué tal si creyeras que, porque eres perdonado, puedes descansar en la plenitud de su amor? ¿Qué tal si creyeras que, porque eres amado, ahora todo es posible? ¿Qué tan diferente sería tu vida? Ese es el viaje al que te lleva la nube: no solo para descubrir, sino también para experimentar esta verdad. Con cada paso que das, descubres quién eres, quién es Él y para qué fuiste creado. La plenitud del reino pertenece a los que viven en el corazón del Padre con la fe de un niño.

En Jesús, eres libre; pero hay una gran diferencia entre ser libre y vivir libre. El hecho de que hayas recibido el regalo de la salvación no significa que estés viviendo en la plenitud de la libertad que Él ofrece… tan solo pregúntales a los israelitas.

La libertad no es un hecho de una sola vez, sino un estilo de vida. Y solo al seguir la nube aprendemos a vivir libres. Como lo fue para los israelitas, cada paso que Dios te pide que des es una invitación a avanzar hacia la libertad o volver a la esclavitud.

De modo que aquí está la pregunta: ¿Qué te está diciendo el Espíritu Santo y cuál es tu próximo paso? ¿Qué te ha estado susurrando y qué vas a hacer con lo que has oído?

Tu tierra prometida está esperando. El amor del Padre te está llamando a casa. Dios es bueno. Jesús te ha perdonado. Eres amado. Y todo es posible. Entonces, ¿qué esperas? Pregunta. Escucha. Responde.

Sigue la nube. Vive libre.

Sigue la nube: Vive libre

Dios es bueno.
Jesús me ha perdonado.
Soy amado.
Todo es posible.

¿Cuál de esas verdades te cuesta más creer? ¿Por qué?

La nube se está moviendo y es hora de responder.

Mi próximo paso es ______________________________
___________________.

Voy a comentarle mi próximo paso a _____ ______________________________ y pedirle que me haga responsable de hacerlo.

RECONOCIMIENTOS

Nadie sigue la nube solo. Nuestros próximos pasos están íntimamente ligados con quienes nos rodean.

Colleen, todos los días me inspiras con tu fe, esperanza y amor. Te he visto decir "Sí" a Dios incluso cuando te costó todo. Gracias por atender a Emma de una manera que nadie más que yo lo ve: sigues la nube cuando la mayoría se habría echado atrás. Te amo.

Trey y Emma Joy, gracias por enseñarme más acerca de Dios de lo que yo les he podido enseñar. No puedo esperar para ver a dónde los llevará la nube.

Mamá, eres mi mayor animadora. Gracias por creer siempre en mí. Tus incesantes oraciones son la trama y la fibra misma de este libro. Papá, gracias por vivir la clase de vida que quiero vivir. Siempre has sido mi ejemplo a seguir, y no muchos hijos pueden decir eso.

Mamá y papá Evans, gracias por confiarme a Colleen y por ser un ejemplo de personas que siempre siguen a Dios.

Ancianos de Valley Creek (Brad Lanham, Don Manning, Ken Lancaster, Robert Maxey, Justin Nall y Ben Moreno), gracias por darle la oportunidad a un joven de veintinueve años. Ustedes sí viven este mensaje de escuchar la voz de Dios y seguirlo por fe, incluso cuando a los demás les parece una locura.

Al equipo de liderazgo original (Ben Moreno, Becca Reynolds, Josh Wintermute, Dawn Shapley y Chris Pitt), ¿quién lo hubiera pensado, verdad? No creo que ninguno de nosotros hubiera imaginado que todas esas innumerables reuniones en la sala 207 se convertirían en lo que hoy es Valley Creek. Gracias por creer en este sueño. Supongo que las cosas grandes realmente empiezan siendo pequeñas.

A nuestro equipo ahora mucho más grande, gracias por seguir a Jesús tan bien. Como siempre decimos: "Queremos hacer esto por mucho tiempo juntos". Gracias por encontrar *su* voz en *nuestro* sueño.

Kevin y Lisa Evans, gracias por dar el siguiente paso para que yo pueda dar el mío. Steve Dulin y Joe Martin, gracias por supervisarnos con gracia y verdad. John Blase, Pam Shoup y todo el equipo de WaterBrook Multnomah, gracias por darle la oportunidad a este autor primerizo. Gracias por dar voz a este mensaje. Justin Nall, gracias por ser un gran amigo. Ben Moreno, gracias por sacar las piedras de mi corazón. Becca Reynolds, gracias por hacer que las cosas salgan siempre "geniales".

Josh Wintermute, gracias por traer tantas risas a mi vida. Cherie Hoover, gracias por ayudarme más de lo que crees.

Finalmente, iglesia de Valley Creek, gracias por ser una congregación que pregunta, escucha y responde a Dios. Son una congregación fácil de guiar, porque están siempre prontos a seguir a Jesús. Que nunca demos por sentado el privilegio de ser parte de lo que Dios está haciendo entre nosotros. ¡Lo mejor está por venir porque la nube se está moviendo!